U0433279

吴云粒 著

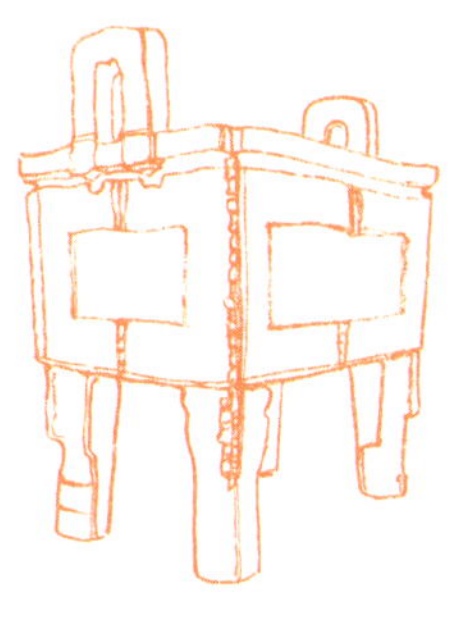

古人的日常生活

北京理工大学出版社
BEIJING INSTITUTE OF TECHNOLOGY PRESS

图书在版编目（CIP）数据

古人的日常生活. 膳食 / 吴云粒著. -- 北京：北京理工大学出版社，2022.5（2024.3重印）
ISBN 978-7-5763-0946-1

Ⅰ. ①古… Ⅱ. ①吴… Ⅲ. ①社会生活－中国－古代－通俗读物②饮食－文化－中国－古代－通俗读物 Ⅳ. ①D691.93-49②TS971.2-49

中国版本图书馆CIP数据核字（2022）第027392号

出版发行 / 北京理工大学出版社有限责任公司
社　　址 / 北京市海淀区中关村南大街5号
邮　　编 / 100081
电　　话 /（010）68914775（总编室）
（010）82562903（教材售后服务热线）
（010）68944723（其他图书服务热线）
网　　址 / http: //www.bitpress.com.cn
经　　销 / 全国各地新华书店
印　　刷 / 三河市嘉科万达彩色印刷有限公司
开　　本 / 880毫米 × 1230毫米　1/32
印　　张 / 9
字　　数 / 210千字
版　　次 / 2022年5月第1版　2024年3月第6次印刷
定　　价 / 78.00元

责任编辑 / 李慧智
文案编辑 / 李慧智
责任校对 / 刘亚男
责任印制 / 施胜娟

序言

一位身着浅色窄袖衫襦的女子，站在桌前，她面前放着厨刀和菜墩，墩上是一条还在鼓腮动鳍的大鱼，女子挽着袖子,利落地将鱼处理干净,熟练地将其切成薄细的丝状，随后拿来盘子将鱼丝盛起，放入调料和葱花，搅拌一番后上了餐桌……这便是北宋时期，一妇女下厨斫鲙备餐的情景。鲙，即生鱼片丝，是中国的传统美食，自周代起就开始流行了。

吃，是人之本性，也是人类最基本的生存活动，古人对饮食的探索和讲究并不比今人逊色。伴随着历史的发展，“吃”还逐渐沉淀出一种至关重要又多姿多彩的文化形式，成为中华文化中的一颗璀璨明珠。

从人工火种的获取到农耕文明的出现，从狩猎捕鱼、茹毛饮血到五谷肉蔬、烤炸煎炒，从刨坑烹饪到钟鸣鼎食，从爨饮脍炙到八大菜系……在上下五千年的漫漫长河中，中国饮食文化越发缤纷耀眼，博大精深，而这也正是古人饮食生活的风貌展现。

那么，古人具体都吃什么？怎么吃？有什么禁忌？用的什么餐具？富人和穷人的饮食有什么区别？文人雅士爱吃什么？皇帝真的如电视中演的那般顿顿山珍海味？古代蔬菜有什么？水果有什么……

带着这种种问题，让我们翻开这本书。

我们会发现，对于古人来说，一饭一蔬，既是果腹充饥的必需品，也是生活艺术的源泉。吃，不仅是一篇菜谱和一堆原料到一道菜肴和一碗热饭的转换，它更是一首朗朗上口的诗歌、是一个曲折跌宕的故事、是一场充满冒险的旅程……吃，既可以酣畅淋漓、潇洒豪迈，也可以简单淡雅、清新脱俗，还可以温暖可爱、宽慰人心，甚至可以示人启迪。

《古人的日常生活·膳食》这本书将通过生动有趣的历史故事，结合当时的时代背景，从餐具、菜品、饮食结构、烹饪方法、民俗风情等各个方面重现古人的饮食场景，用流畅的文字呈现了饮食以及与之相关的方方面面的知识，使读者能够在轻松的氛围中体会那些遥远的时光里古人们的雅致生活，同时对源远流长的中华饮食文化也有所了解，并在这一过程中重塑自我的生活格调，从而能够更加热爱美食，享受生活。

目录

壹 食之昌荣

贰 食之纷繁

膳食达人

肆　膳食妙事

目
录

壹

食之昌荣

第一节　从野蛮到文明

在遥远的旧石器时代，人们吃的是野果树皮、动物生肉，喝的是冷水冷血，直到数万年之后，火和石质器皿出现，人们才有了将食物烹饪的条件，也是从那时起，人类饮食开始从野蛮走向了文明……

茹毛饮血的有巢氏

在距今几十万年前的旧石器时代，人类多生活在温暖的南部，依河流而集聚。当时的古黄河下游，今安徽省巢湖流域，有一个古巢国，是中国上古时期的部落之一，其部落首领便是被誉为“华夏人文始祖”的上古帝王“有巢氏”。

旧石器时代中期，人的数量相当稀少，且尚不会使用工具也没有火种，遍布各处的禽兽蛇虫尤其是凶恶的猛兽，以及不可预测的天灾诸如洪水，给生活在地面的人们的生命造成了巨大的威胁，人和其他弱小的动物一样，居无定所，没有稳定的食物来源，过着胆战心惊的逃亡生活。这样的生活持续了很长一段时间，直到有巢氏的出现。

传说有巢氏出生于九嶷圣地，苍梧之丘，他聪明机警，胆识过人，少年时曾游历仙山，有幸得仙人点化，因而拥有超凡脱俗的智慧。他游走各处，来到巢湖，看到人们过着这般痛苦不堪的生活，便留了下来，希望能够改变现状。一天，有巢氏偶然间看到了几只鸟雀在树上筑巢，突然脑海里闪出一个念头——我们为什么不能像鸟儿一样住在树上呢？很快，有巢氏就把自己的想法付诸现实，指导人们将树枝和藤条在高大的树干上搭建起来，把顶部和四周都严严实实地遮挡起来，这样建造的住处既能防风避雨，也能有效地抵挡猛兽的攻击。

有巢氏发明的“巢居”使人们过上了相对安定的日子，有了“家”的感觉。为了感谢有巢氏，人们便推选他作为当地的部落首领，带领大家更好地生活。有巢氏当上首领后，果然不负众望，运用自己的聪明才智做了很多造福人类的事情，其中之一就是教会人们找到相对稳定的食物来源。

先秦古籍《庄子·盗跖》曰：“且吾闻之，古者禽兽多而人少，于是民皆巢居以避之。昼拾橡栗，暮栖木上，故命之曰有巢氏之民。”橡栗又被叫作橡实、橡子，椭圆形，外壳坚硬，呈棕红色，内仁如花生大小，含有丰富的淀粉和少量鞣酸。

有巢氏教会了人们如何采摘和食用植物的果实，橡栗就是那个时代主要的食物之一。他们白天摘捡橡栗，晚上便回到树上休息，这样过了一段时间后，有巢氏发觉橡栗虽然采摘容易，但个头小，数量少，还是无法满足人类的进食需求。几经思索后，他便把目

旧石器时代手斧

高9.5厘米，宽6.9厘米。打制石器盛行于旧石器时代，它是人类最初的主要生产工具，常见的有斧、凿、刀、镰、犁、矛、镞等。

旧石器时代的工具

长12.85厘米，高7.95厘米。

光放在了动物身上——猎取禽兽作为食物。

随即，有巢氏想出了捕猎的方法，并将其传授给自己部落的人，教会他们捕猎鸟兽作为食物。为了使生肉便于食用，他还发明了两种处理生肉的方法——“脍”和“捣”。“脍”是指用薄且锋利的石头将生肉割成薄片；“捣”则是用圆滑的石头将生肉捣至松散方便咀嚼。然而，随着捕猎能力的提高，有巢氏又发现了新的问题，有时候捕猎的肉太多，吃不完，不久就会坏掉，该怎么办呢？琢磨一段时间后，有巢氏又想到了两种生肉的贮存处理方法——“胏”和“绅”，也就是后来人们所说的“脯”和“鲊”。“脯”即将割成的肉薄片风干保存，“鲊”则相对复杂一点，抹上他们当时的一些“调味料”再进行风干，过程有点类似我们现在的腌制。

经过有巢氏的这一番大刀阔斧的创新改造，古人类也终于过上了居有定所、食可果腹的原始生活，且还实行了族外通婚、土葬等制度，与动物有了根本的区别。有巢氏也因为一系列功绩，名声大噪，被推崇为当时的联盟部落总首领，被尊称为“巢皇”。有巢氏执政后，迁都于北方圣地石楼山。

不过，那时人们由于生吃鸟兽之肉，饮用冷水和动物的血，生冷腥臊之物对肠胃伤害很大，所以普遍身体孱弱，寿命较短。这样的饮食状况实际上与动物并无两样，被后人用“茹毛饮血”概括。这在饮食文化史上，是史前的蒙昧时期。

石烹时代的到来

有巢氏出现的若干年后，中华先民的部落又迎来了一位有大智慧的圣人——燧人氏，他钻木取火，教人食用熟食，发起了饮食上的一次革命，结束了远古先民茹毛饮血的生活方式，揭开了烹饪史的新篇章。

距今几万年前，旧石器时代进入晚期，那时，在今河南商丘一带，有一个地方名为“燧明国”，燧人氏和族人早期就在这里居住，他们依旧延续的是有巢氏创建的生活方式，白天出去寻找食物，夜晚住在树上或洞穴，穿的是兽皮或植物编制的“衣物”，吃的是鸟兽的生肉或植物的根叶果实，喝的是冷血或冷水，使用石子作为武器抵挡和捕猎动物。

当时，人类还有一个和很多动物一样的特点——特别怕火。

一些动物死后没有人处理，尸体就横陈在树林中，其体内的化合态磷会因为尸体腐烂转化为磷化氢气体冒出地面，遇到空气自燃，产生所谓的“鬼火”；有时候，裸露在地表的煤炭因为压力的作用会发生自燃；在极端干燥的情况下，森林也会因为大量吸收太阳热量发生大面积燃烧；伴随着雷雨天气产生的耀眼闪电，偶尔劈在树上也会产生火光。可以说，原始人类与火的距离并不遥远，但可惜的是，他们根本不知道火是什么，只把那明晃晃的东西当作吃人害人的怪物，常常绕火而行，避火而居，寒冷时只能蜷缩在一起取暖，偶然捡到被雷电劈死或被火烧死的小动物尸体，也会毫不犹豫扔得远远的，认为那是不祥的征兆。

但是，先民部落中出现了一个“异类”——燧人氏，别人都怕火躲着火，而他偏偏追着火走，哪里有火就到哪里去。

燧人氏为有巢氏和缁衣氏之子，为人勇敢，善于思考和尝试。经过长时间的“跟踪体验”，燧人氏发现火非但不可怕，而且还很有妙用，在寒冷的时候，靠近火身体就会很舒服；吃了火烧的动物肉，不会生涩腥臊，口感好而且肚子也不会难受；在有火的地方，即使再凶猛的野兽也不敢靠近。燧人氏就把自己的发现告诉了族人，并带领他们将采摘的植物和捕猎的动物放到火上烤，夜晚到靠近火的地方取暖和躲避野兽，使得人类渐渐意识到了火的用处，也改掉了生食的习惯。

然而，火虽好，但找火并不简单，自然界的火并不是随时都会产生，而且取用也很不方便。燧人氏就想，要是自己能随时取火就好了，正当他苦恼之际，旁边的燧木上落了一只啄木鸟，在用它那尖尖的鸟喙“邦邦邦”地啄着树干，燧人氏见状灵机一动，想到了一个好办法——钻木取火。当然，那时的他可不知道什么“摩擦生热”，只是以为木头里藏着火呢！经过千百次的试验，燧人氏终于成功了，之后他还找到了另一种取火的办法——点石击火。

有了随处可用的火，人们的饭食就发生了翻天覆地的变化，他们不仅烤着吃，还会利用石板、石块（鹅卵石）作炊具，间接利用火的热能烹制食物。

人们会在地上挖一个坑或者直接用天然石坑，把兽皮铺在里面，放入水和肉，然后向里面一块一块地投进烧红的石头，直到肉被煮熟；或者将石块堆积起来烧至炽热后扒开，将原材料放入包严烫熟；再或者将动物身体破开，在其内脏中放入烧红的石块，使之受热变熟；又或者把石片烧热，再把植物种子放在上面翻炒。经过这些方法处理后，食物不仅鲜美可口，不会对身体健康造成危害，也易于存放。

除了人工取火，燧人氏还有多项发明，为人类做出了突出贡献，后成为部落首领，被尊称为“燧皇”与“火祖”。

神农氏的农耕生活

随着光阴的流逝燧人氏逐渐退出了历史的舞台，伏羲氏接替了父亲的位置，成为部落首领。他观万物变化，创造了八卦占卜，又创造文字代替了“结绳记事”，发明陶埙、琴瑟等乐器，创作乐曲歌谣，变革婚姻习俗，改变了长期以来子女只知其母不知其父的原始群婚状态等。当然，在饮食方面，伏羲氏也有重大创新，他借鉴蜘蛛结网捕虫的方式，教会人们结网捕鱼，还领导他们将捕捉到的动物驯化成家畜，大大扩增了食物来源。

人们在伏羲氏的带领下过上了采集和渔猎的生活，在饮食上，原料获取越来越简单。日月交替，斗转星移，历史进入了新石器时代，炎帝神农氏成为继伏羲氏后又一对中华民族有颇多贡献的部落首领。

长期以来，中华先民都是依靠自然界现有之物生存，随着人口数量不断增加，飞禽走兽、植物果实等越来越少，食物又成了大问题，有时候人类为了填饱肚子，就会饥不择食。当时五谷、药物、毒草、百花等都长在一起，没有人分得清哪个能吃哪个不能吃，因此常常有人因为吃错东西而中毒生病甚至死去。

神农氏将这些情景看在眼里，急在心里——如何让族人不再为饭食担忧，如何帮他们解除病痛？经过多天的苦思冥想后，神农氏做了一个伟大的决定，他带领一队臣民去了大山深处植物茂盛的地方。神农氏让臣民在一旁防着虫蛇猛兽，自己则亲自一株株品尝各类花草，到了晚上，在篝火的亮光下，再把白天所尝试的花草特征详细记录下来：有毒无毒，味道如何，有什么特性，等等。

相传，神农氏的身体构造非常奇特，除了头和四肢外，其余部位均透明，内脏清晰可见，若吃下的东西有毒，相应的部位就会呈现黑色，因此可以轻易地知道什么药草对于人体哪一个部位有影响。

经过尝百草，神农氏找到了一些适合种植的野草和能治病救人的药草。紧接着，神农氏就将那些适合种植的植物种子收集了一些，回到部落分给人们，让他们试种。在这一过程中，先民们逐步确定了适合栽种的几种主要野生植物。

《逸周书》中有云：“神农之时，天雨粟，神农耕而种之，

炎帝神農氏
姜姓人身牛首
火德王

清·郭诩　神农尝百草图

炎帝又称赤帝、烈山氏，名石年，相传他牛头人身，是以牛为图腾的氏族的首领。关于炎帝和神农的关系，有一种说法认为，第一世炎帝叫神农，他的时代比黄帝的时代大约早几百年，而和黄帝同一个时代的炎帝是第八世炎帝，叫榆罔。后人尊称神农为『药王』『五谷王』『五谷先帝』『神农大帝』等。传说，神农氏的样貌很奇特，身体除四肢和脑袋外都是透明的，内脏清晰可见。人食五谷杂粮，古代的卫生条件也有限，因此古代人更容易生病。为了给人治病，神农氏尝尽百草，若药草有毒，他服下后内脏就会呈黑色，以此来判断药草对于人体哪一个部位有影响，从而使古人尽可能地减少服药的副作用。

◀清·徐扬　炎帝神农氏像

神农氏、伏羲氏分别是中国植物食品和肉类食品的开创者。炎帝，是中国上古时期姜姓部落的首领的尊称，号神农氏，相传炎帝牛首人身，他亲尝百草，开创用草药治病；他发明刀耕火种创造了两种翻土农具，教民垦荒种植粮食作物；他还领导部落人民制造出了饮食用的陶器和炊具。

作陶冶斤斧，破木为耜锄耨，以垦草莽，然后五谷兴，以助果蓏之实。”正式开始农耕后，人们常常要开垦荒地，翻土播种，这在没有工具的情况下显得尤为吃力，见此情形神农氏便发明了烧制陶器和冶炼金属的方法，制作了陶盆、陶罐等各种器皿和犁、锄、刀、斧等各种用具。有了农具，先民们又在长期的探索中掌握了合理的耕种时机。渐渐地，田地里五谷丰登，山野上硕果累累，先民的生活有了极大的改善和保障。

就这样，神农氏领导人类从渔猎转至农耕，驯化野生植物栽培出了五谷，从根本上解决了食物原料短缺的问题。

而神农氏发明的陶器除了用在耕作中，更大的用处是被当作炊具和容器。

诸多陶器中，鼎状陶器是最早的炊具之一，用于烹煮肉和盛贮肉类；鬲有三足，均为空心，口沿外斜用于煮饭；鬶形状与鼎相似，也有三只中空的足，用于煮酒。

人们利用陶器进行烹饪和盛放食物，使得切肉煮肉、熟饭炒菜、盛饭喝水等都更为方便，味道也更佳，生活条件和饮食卫生得以改善。此外，在神农氏的带领下，他们还学会了用陶器进行食物发酵，制作了醢、醯、酢、醴等发酵性食品，打开了新的饮食大门。

陶器的出现让人类第一次拥有了炊具和容器，这是继人工火种后的又一创举，象征着人类文明从此进入新石器时代。

烹调的雏形

距今约五千年前，黄帝联合炎帝在涿鹿与蚩尤展开大战。涿鹿大战后，蚩尤元气大伤，黄帝被推为部落统领。

黄帝在位期间，大力发展生产，在社会各个方面都有很多发明创造。

他不仅沿用神农时代以来的农业生产经验，带领人们播种百谷，对农田实行耕作制，使得原始农业得到了空前发展，还教人们建房屋制衣冠造舟车，命子伶伦制乐器创音律，发明了各类兵器，让仓颉创造了文字，为人类文明的发展做出了重大贡献。

除此之外，在饮食发展上，黄帝亦是功不可没，是中华饮食文明的开创者。

《史记·五帝本纪》中记载："黄帝艺五种，抚万民。"黄

塞族人烤面包

高7.6厘米。图中可见一个塞族人正在制作烤面包，用来烤面包的『炊具』是一座从地上用泥土混合搭建的类似『水缸』一样的大炉灶，揉好的面包团被送进炉灶的肚子里，炉灶下有生火的地方，用来升高温度把面包烤熟。这应是当时最早的烹制食物的灶具，体现了古时塞族人民的智慧结晶。

塞族人制作面粉俑

高6.2厘米。图中可见两个塞族人正坐在地上，面前有搭建好的石制长条磨台，两人中，其中一人在用石轮碾压麦粒，使其脱皮变碎逐渐成粉状，另外一人用筛子进行过滤，把制作好的面粉与麸皮分开。

黄帝像

选自《历代帝王圣贤名臣大儒遗像》，推测绘制于清康熙年后，现藏于法国国家图书馆。黄帝为古华夏部落联盟首领，中国远古时代华夏民族的共主，五帝之首。居轩辕之丘，号轩辕氏，建都于有熊，亦称有熊氏。轩辕黄帝的功绩之一是『艺五种』。『五种』，是指『黍、稷、菽、麦、稻』五谷。按古史传说神农氏仅能种植黍、稷，而黄帝则能种植多种粮食作物，表明黄帝使当时的原始农业有了进一步的发展。

帝即位后率先关心的就是人们的吃饭问题，他倡导广泛种植五谷，根据四季变化行农耕之事，率领臣民，刀耕火种，将原始农业发展到了高度繁荣的阶段，使得人们的食物来源越加稳定。

《事物原会》说："黄帝作灶，死为灶神。"黄帝时期，人们虽然已经有了做饭吃饭的器具，也有了很多食物原料，学会了用火烹制熟食，但在制作食物时，还是以天然土坑、用石头搭建或者挖坑为灶来放置盛放食物原料的器皿，再进行加热。一次，黄帝到各部落巡游，看到了人们趴在地上辛苦做饭的场景，心中很是不忍，回去之后，经过一番思考，便设计出了釜和灶连在一起的灰陶灶。这种灶同时承担了炉与容器的作用，可利用蒸汽加

明·仇英　帝王道统万年图　黄帝

《帝王道统万年图》共20开，分别描绘伏羲、神农、黄帝等20位中国历史著名帝王的画像和事迹。每开纵32.5厘米，横32.6厘米。全册色调以青绿重彩为主，画面鲜艳华丽。现为中国台北故宫博物院藏。

热食物，比此前的坑灶、“石头”灶热能利用效率更高。

灶在我国有相当长的历史，关于“灶”的发明，实际上有很多不同的说法，各个典籍中也都有不同的记载，如《淮南子》有“炎帝作火，而死为灶”的说法，将灶的发明归功于炎帝；《礼记·月令》《吕氏春秋》《周礼说》中均提到灶神是远古时期大名鼎鼎的火神祝融；《礼记》和一些古老的书籍中，又说灶神乃是一位地位极高的女性……至于灶究竟是谁发明的，没有明确的答案，一是年代久远，缺乏史料也无从考证，二是灶的类型其实有多种，包括坑灶、炕灶、锅灶、炉灶等。不过从灶的类型方面来看，根据史料以及出土的文物考证，灰陶灶的发明时间与黄帝生活的年代是一致的，因此，黄帝发明灶，具有可信度。

三国谯周《古史考》说：“黄帝作釜甑……黄帝始蒸谷为饭，烹谷为粥。”原始社会前期，人们以打猎、捕鱼、采集野生植物果叶为食，常以肉食为主，农耕文明出现后人们开始食用谷物，但尚且没有主副食的划分。直到黄帝时期，轩辕氏发明兼有蒸锅作用的灶，教会人们蒸饭煮粥，以蔬菜为主、肉类为辅，改变了原有的混乱饮食结构，形成了主副相协调的饮食习惯。

五谷为主，辅以菜肉，或蒸或煮，再加以调味，这既是中华饮食的基本结构，也是烹饪的雏形，饮食文明就此掀开了充满希望的一页。

第二节　朝代更迭中的传承

随着中国历史上第一个朝代的建立，人类的饮食文明开启了高速发展阶段，从饮食结构到烹饪手法，从食材选择到刀工调料，无一不在时代更替中，传承并创新着。

烹饪始祖伊尹

五帝时代最后一位帝王禹死后，禹的儿子启杀掉继承人伯益取得首领之位，改变了部落原有的禅让制，夏朝得以建立。在时代变迁的历程中，中国人的饮食习惯、饮食文化、饮食特色也在悄悄地发生着变化。

经过上古时期各位贤者的创造，到第一个奴隶社会夏朝时，我国已经形成了以农业为主、渔猎为辅的混合型经济形态，农业生产有了相当大的发展，中华先民种植了谷、稻、麦、瓜果等多种农产品。餐食方面，人们多以稻米、小麦为主食，牛、羊、鱼等为副食，贵族有时会以瓜果作为佐餐；器具方面，由于夏朝已经实现了陶器向青铜器的过渡，人们开始使用铜制的炊具、刀具

民归一德图

选自《钦定书经图说》。图中讲的是伊尹教民众饮食的故事。

和容器，贵族的饭食都要用铜制的鼎盛放，吃饭时还要奏乐击钟。

随着社会经济的不断发展，夏朝的烹饪制度和饮食文化已初具雏形，在国家组织中设立了庖正（即厨子），专管膳食。“烹饪始祖”伊尹便是在这一职位上通过高超的厨艺亲近汤王，向其陈说天下大事，最终成为商朝开国元勋，位居右相。

伊尹生活在夏末商初，相传他在婴儿时被丢弃在伊水边，后被有莘氏的首领捡到，交予自己的厨师抚养。伊尹从小便跟着养父学习烹饪之术，他天赋过人加上勤学苦练，年纪轻轻就练就了一身很高超的厨艺本领，得到了首领的赏识，因而接替父亲成为首领的御厨。

当时诸侯国众多，商便是其中之一，而有莘氏又是商的附属国，根据制度规定，小国需要每年向大国君王进贡。那一年，有莘氏首领便带着伊尹做的一锅鹄鸟之羹信心满满地去了商汤的国都，然而当他将汤羹呈上时，汤王却大发雷霆："伊水如此富饶之地，你却拿一锅破汤来糊弄寡人！"

有莘氏首领吓得跪倒在地，但还是坚持说这是他吃过最美味的汤羹，希望汤王先尝一尝。汤王心里虽然生气，但也不免好奇，于是端起碗来尝了一口，顿觉齿颊留香，一口气喝了个精光，随后下旨召见做这汤羹的厨师。

汤王见到伊尹后就问："你是如何做出这么美味的汤羹的？"伊尹不慌不忙地说道："大王的国家小，具备的东西也不够全，如果能够得到天下那这些就不足为奇了。说到人类吃的三大类动物，莫过于水生、肉食和草食，水生的有腥味，食肉的有臊味，吃草的有膻味，味美还是恶都是有缘由的。那怎么用这些并不完美的原材料做出好吃的东西呢？首先，水是根本，五种味道酸甜苦辣咸，和三种食材也就是刚才所说的三大类，在沸水中不断翻煮，味道不断发生变化，沸腾九次就会变化九次；其次，火是关键，控制火的大小，通过疾徐不同的火势能够去掉食材的腥膻臊臭，且不失去其本质味道，所以饭食美味与否的成败就在于火候，万不可违背用火规律；最后，亮点在调味，调味不外乎酸甘苦辛咸，但重要的是先后顺序和用量的多少，它们之间的组合是非常微妙的，各有玄机，需要慢慢琢磨。至于这鼎中的变化，那就更加精妙细微了，不是几句话就能说清的，烹饪者要做到心中有数。若要准确把握，那就必须考虑到阴阳转化和四季变化的影响。食物能够

元·佚名　嘉禾图

古代历来重视农耕农业，此图中的稻生双穗，且比其他的稻子还要高大，稻穗饱满茂密，这预示着稻产即将丰收，是祥瑞之兆，所以也称为嘉禾。稻米也是古代人们主要的食物来源。

明·佚名 丰稔图

图中瓶中插着一支稻谷，稻谷饱满，稻穗沉甸甸地垂了下来，象征着丰收和富足。上古时期，人们就开始种植水稻。水稻是古代农耕时期最重要的作物。

制醋图

选自明代《本草品汇精要》。刘文泰等撰，王世昌等绘。图中描绘了古代人酿醋的过程。《周礼·天官·酰人》中的『酰人』，就是专门负责酿醋和腌菜的官员。

久放而不腐烂，煮熟了又不过烂，甘而甜得不齁，酸又不至于过头，咸又不咸得发苦，辣又不辣得浓烈，淡却不寡薄，肥而不太腻，才算是美味。”

伊尹的这段话便是著名的“五味调和之说”，在后来的《吕氏春秋·本味》中有详细记载。其中阐明了烹饪的精华所在，同时也隐含有劝谏汤王一统天下的意味。这一开创性言论开创了烹饪艺术化、哲学化的先河，对人类饮食、生活等方面都产生了深刻的影响，一直延续至今。

伊尹不仅是烹饪高手，同时也是足智多谋、具有远见卓识的政治家，他通过烹饪之道讲述治国之理，为商朝的建立做出了贡献，推动了人类历史的进程，“烹饪始祖”的称号可谓实至名归。

『贪吃』的商朝人

商朝建立后，伊尹不仅在政治上有所建树，在闲暇之余也发挥了自己的料理之能，并将两者结合，常以美食论治国之道。伊尹共辅佐了商朝四位帝王，其执政之外的膳食理念给当时人们在烹饪上指明了方向，激发了他们对新味道的探索。

商代的饮食发展为后来的饮食文化奠定了初步基础，正是从那时开始，人们在烹饪时将副食从主食中剥离开，使两者有了更明确的划分。

殷人种植经验充足，善于占卜观天象看收成，由此带来了农牧业的发达。当时，农牧业在社会中占有重要地位，各类谷物均有种植，养殖猪、鸡、羊、马外，水牛和鹿也被驯化；另外，当时人们狩猎规模极大，他们狩猎网捕各种动物，包括鱼、龟、兔、鹿以及那些由于气候温暖湿润活跃在中原地区的热带和亚热带的动物如大象、犀牛和貘。

可以说，商朝时期谷物和肉食原材料是非常丰富的，不过瓜果蔬菜等素食依旧匮乏，尤其蔬菜种类极少。根据相关资料记载，商朝时期人们的食物主要有谷类稷、黍、麻、豆、麦，水果类桃、樱桃、郁李、梅、枣，鱼类鲫鱼、鲤鱼、草鱼等，肉类牛、羊、猪等，其他类蜗牛、田螺、蛤蜊、蚌、龟、蟹等。

稷即现在的小米，是商朝人最主要的粮食，黍常用来酿酒，麻则用来榨油，豆直接煮着吃。在当时，因为麦饭粗劣难咽，且还未掌握面粉制法，商朝人极少食用麦，但也有专家认为，商代时人们已经懂得用小麦制作面粉，只是技术尚不成熟，不能大规模制造。

在烹饪上，商朝人掌握了煮、腌、蒸、烤、炖等制作食物的方式，最擅长炖和煮，其次是烤制和风干，能够制作腌肉和腊肉。

饮料方面，酒文化获得了极大发展。商朝人爱喝酒是出了名的，不仅有《诗经》中的记载为证，更有大量酒器验实，不过他们当时掌握的并不是酿制白酒的技术，多是用粮食酿的米酒和水果酿的甜酒，酒精浓度比较低，因此可以喝得酣畅淋漓还能纵情歌唱。

商朝时也出现了一些新的饮食烹饪器具，其中以酒器居多。郑州的二里岗曾出土过一大批商朝时期的酒器，有饮酒用的爵、斝、角，存酒用的尊、壶、卣、罍，还有温酒、调酒用的盉。除了酒器，

商后期　兽面纹觚

是商代盛酒的器皿，用于贵族饮酒之用，在特殊节日里，也常用作礼器。觚体圆，喇叭形状，侈口，束腰，圈足。腰饰兽面纹，无地纹，上饰弦纹二道，下饰弦纹三道。兽面纹觚形体较小，纹饰简单，颈部较短，口沿向外伸张不大，这些都是商代前期青铜觚的特点。从上古时期开始，古人饮酒、盛酒的容器就有很多种，式样装饰不一，可以看出古人对饮酒及酒文化的热爱和重视。

商后期　乳丁纹勺（斗）

商后期用于盛酒的酒器，用于把酒从大的容器盛出倒进酒杯或比较小的酒器中。杯身长宽相当，侧出一柄，柄长为杯长的二倍多。杯身饰乳丁纹及细线浅浮雕三角纹。

商代　毕龟爵

此器物是宗庙内祭祀祖先所用的温酒礼器，古人在饮酒时，常需要把酒进行温热，使其口味达到最佳，此器即为温酒之用。此爵腹深卵圆底，流宽，短柱在近喉处，柱顶作笠帽形，耳鋬如弯板条，三足略短。铜腹饰『兽形纹』，双眼凸起，柱帽有『旋涡纹』，铭文刻在腹壁上，铸有『毕龟』二字族徽。中国酿酒产业历史悠久，楚国地处长江中游地区，常年气候温暖湿润，降雨充沛，适合稻谷生长，稻米是楚人的主要食物，也是当地人酿酒的主要原料，楚人在长期的生活实践中逐渐发展出成熟的酿酒手工业。同时，楚人又继承了商人的酒文化精神和传统，用酒来祭祀多神，尽虔敬之事。

商代　亚丑杞妇卣

此器为商代后期装酒器物。器盖盖沿与盖顶呈垂直，盖住器身上的子口，器身两侧双环显示该器原本有提梁，通过双环与器身相连，但今已遗失，此卣为殷墟晚期器制。颈盖皆饰夔纹，腹饰兽面纹。这些花纹皆浮雕鼓出器表，但不见雷纹衬底，这种没有雷纹衬底的兽面纹见于殷墟晚期，足饰二细线浅浮雕弦纹。盖里中间及器底中央同铭各四字「亚丑杞妇」。由此可见商代饮酒文化已开始兴盛。

商朝盛饭、盛菜、盛肉的器具种类非常齐全，并且都是分开使用，煮饭炒菜用的鼎也有了创新，结合了鬲的特点，粮食加工器具磨盘、杵臼等也都出现。由于那时还没有桌子和椅子，商朝人吃饭时都是席地而坐，为了方便起见很多餐具都有几只高高的足。

商朝之所以能够在食材原料匮乏的情况下呈现出相对丰富的饮食文化，正是源于商朝人的“贪吃”。如同青铜器上的“饕餮”，商朝人对吃充满了探索的欲望，所以，商代也是一个味觉大冒险的时代，而这个冒险之旅直至商朝的最后一位帝王纣登基也并未结束。

就拿纣王本身来说，在饮食上同样沿用了他的治国之道——荒淫无度。吃惯了普通食材烹制的美味后，纣王就想来一些新鲜的味道，便命令人去捉来大象、犀牛、天鹅甚至老虎等珍稀动物，让厨师剥皮剔骨，放进炖锅里供他享用。

不过，也正是因为商人的“贪吃”，才为灿烂的饮食文明打下了基础，为后世开创了多姿多彩的味道世界。

易牙的创新

尽管周人用“贪吃酗酒”来讽刺商朝人的贪吃做派，但美食当前，谁又能抵挡得住诱惑呢？周代，人们对吃的讲究并不比商朝逊色，在延续的同时也做了更多改进。

和商朝相比，周代在食材种类、用餐器具方面并没有太大的差别，但加工烹饪等做法更为精细考究，形成了属于自己的特色，其膳食上的最大进步在于开创了“油烹”，老子《道德经》中有记载：“治大国若烹小鲜。”不过，动物油在当时非常珍贵，这种做法也仅限于贵族。当然，那时的油烹和现在的炒是不同的，指的是用刀具将原料切成小块放在铜板上加入动物油脂，更接近于煎。

东周即春秋战国时期，饮食方面发生了新的变化。当时，各个民族相互融合，在这一过程中逐渐形成了南北两大风味，显现

商晚期至西周初　冉爵

商代用于盛酒的酒器。爵，直壁，深腹，圆底，三尖锥形足，流口间有二菌状立柱，双柱不等高，柱顶作涡纹，流口边缘厚薄一致，流与尾的长度比例接近，二者连成一道圆滑曲线，上饰牛首纹，腹上部饰一周双身兽面纹。

战国 鸟兽盖敦

敦，平顶盖、鼓腹、环耳，盖上有五只鸟兽立雕，耳作兽首形。食器，在祭祀和宴会时放盛黍、稷、稻、粱等作物。

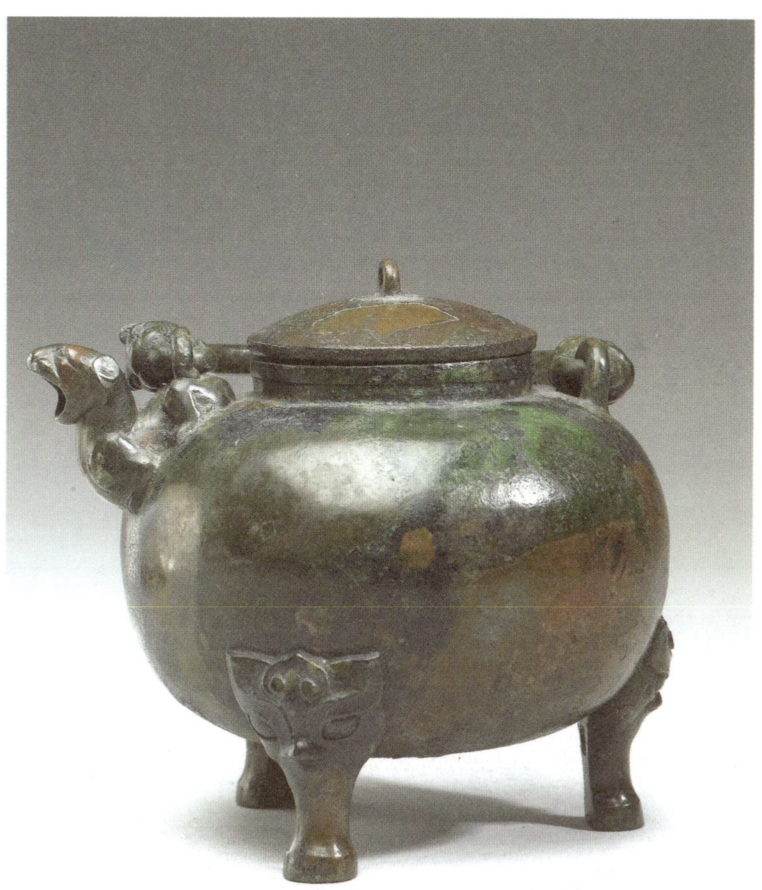

战国　兽首盉

是用来调和酒、水的器具。盉，即调味之意。古人在饮酒的口味上也有不同需求，有的需要浓一些，有的需要淡一些，此器皿即为用水来调和酒味的浓淡之用。最早出现于夏朝，盛行于商晚期和西周，一直流行到春秋战国时期。

战国 瓦纹豆盖

豆，圆口、兽首衔环耳、三足。腹饰瓦纹，足饰立姿兽形。是战国时期用来盛放肉酱、腌菜等调味品的食器。是祭祀中的一种礼器。

战国　嵌松绿石金属丝牺尊

牺尊高28.5厘米，重5.21千克。此器物器表局部嵌金银松绿石牺尊，整体作动物造型，全器以金属丝镶嵌勾连云雷纹，以绿松石镶嵌眉毛，颈部为贝纹项圈，背部开孔以纳酒，口部有流以倾酒。牺尊整体浑圆，细致而生动，像一尊神兽。古代盛酒的礼器一共有六尊：牺尊、象尊、箸尊、壶尊、大尊和山尊。这类动物造型的容器可能即《周礼·司尊彝》所记载的牺尊一类器物，反映出战国时期的礼制要求。

出了四大菜系的雏形。说到春秋饮食发展，不得不提的一个人就是被厨师们称为祖师爷的易牙。

易牙也作狄牙，出生于齐国彭城，善烹饪，技艺高超，是春秋时代著名的大厨，也是齐桓公的宠臣。

作为齐桓公的近臣和御厨，易牙每天琢磨的就是怎么用美味讨好君主。一次，桓公对易牙说："寡人尝遍天下美味，唯独未食人肉，倒为憾事。"这本是一句戏言，但易牙却不这么想，他要抓住一切机会博得桓公欢心，就用儿子的肉为桓公炖了一锅汤。桓公被易牙杀子为自己食用的行为感动，认为易牙忠君胜过亲爱骨肉，从此宠信易牙。

当然，故事的真实性有待考证，易牙烹子献糜的愚忠也不提倡，但他在饮食方面的创造之举却不能忽视。

作为一个厨师，易牙对味道非常敏感，在调味方面很有心得，当时几乎无人可及，是第一个运用调和之事操作烹饪的庖厨。王充《论衡·谴告》说："狄牙之调味也，酸则沃（浇）之以水，淡则加之以咸，水火相变易，故膳无咸淡之失也。"说的是易牙通过水、盐、火的调和使用，做出美味可口的饭菜。此外，易牙还把烹饪和医疗结合起来，创造了疗养菜。

不过，调味固然重要，但原料和做法才是根本，在精良的食材和讲究的烹饪之下，调味的作用才能发挥到最大。

从新石器时代到殷商时期，人们对粮食作物的加工一直比较原始，运用碾盘、杵臼等进行的粗加工，不仅费时费力，也不能将壳去净，因此没有得到普及。到了周代，人们经过长时期的探索，发明了谷物初加工的"先进工具"——石磨，由小面积的碾到大面积的磨，加工的速度上去了，质量也提高了，谷物加工品口感也更加细腻。与谷物相比，肉类的加工更加细致，尤其是贵族，他们所食用的肉从最初的选割到后期的烹制都有专门的人负责。在选肉方面，周人已经完全懂得如何选择健壮无病、没有特殊腥臊异味的禽畜，还能根据不同部位实施不同的切割和制作方式。

在正式开吃的环节，才是周人真正大显身手的时候。他们在鬲上加了盖子，吃够了油腻之物时，可以煲汤熬粥；他们还会用蒸锅蒸饭和肉，再在上面淋一层浓稠的酱料，做一份香喷喷的盖浇饭；在一些大型宴会上，周人还会架起青铜鼎，加入适量的水和食材，煮开了围着吃，类似于我们现在的火锅……

在这眼花缭乱的吃法下，周代宫廷八珍的出现也就不足为奇了。周八珍即八种名贵食材的吃法，包括淳熬（肉酱油浇饭）、淳母（肉酱油浇黄米饭）、炮豚（煨烤炸炖乳猪）、炮牂（煨烤炸炖羔羊）、捣珍（烧牛、鹿里脊）、渍珍（酒糖牛羊肉）、熬珍（类似五香牛肉干）和肝膋（网油烤狗肝）。

“八珍”的出现，使得烹饪的艺术性得以凸显，开创了多种制作菜肴的烹饪之法，为后世菜品的丰富提供了可能。

张骞出使西域

公元前221年，秦王嬴政灭六国建秦朝，结束了春秋战国时期的割据局面，促进了各民族的进一步融合，秦时期的饮食也因此展现出了不同的地域风情。

秦人的饮食，源于农耕文明，但由于缺少对外交流，食物原料还是以本土为主，很少有引进的，与商周时期并无差别，而这种相对封闭的局面，直到汉朝时才被打破。

秦末天下大乱，汉高祖刘邦揭竿而起，推翻秦王朝建立汉朝。随着中国统一局面的完全诞生，这一时期，中国饮食文化的对外交流开始并逐步加剧。

公元前156年，汉武帝刘彻继位，当时在汉初几代皇帝的治

汉代酒瓶（边壶）

22.5厘米 ×26.3厘米 ×8.3厘米。是汉代用于盛酒的器皿。

汉代　错金云纹樽

器表局部嵌金银。筒形器身，下接以三蹄足。器身以金银片镶嵌大面积的勾连云雷纹，为蟠螭纹抽象变形的图案，此类筒形器是一种盛酒或温酒的容器，正名为『樽』。

汉代 铜竈

是汉代的一种礼器，青铜质竈，舟形身，有如底部平整的尖叶，上有三火眼，近口处二火眼较小，近竈身尖收处者大，直筒状烟囱，出口略弧作兽首。小火眼上置圆口小锅，大火眼上可置双层叠架炊煮器。本器尺寸虽小，却是具体而微地再现了实体竈形，很可能是制作较为讲究的明器。

理下，战乱后的经济得到了恢复和发展，并已进入了繁荣时期。在这样的条件之下，汉武帝心中萌生了从根本上解决北方威胁，彻底反击匈奴侵扰的想法。为了完成这一历史大任，汉武帝招募使者出使西域，希望联合大月氏共同抗击匈奴，张骞应募做了使者。

张骞带领一众百余人从长安出发，经陇西进入河西走廊，当时这一带被匈奴占领，张骞和一百多名随从被闻风而来的匈奴俘获。匈奴单于知道了张骞等人西行目的后，便将他们分散到各个不同的地区放牧，还安排一名匈奴女子嫁于张骞为妻，意在监视

和诱降。日复一日，年复一年，张骞在匈奴度过了十一个春秋，但他并没有忘记自己的使命，一直在找机会脱身。有一天，张骞趁看守一时松懈就和贴身侍卫一起逃了出来。远离匈奴的地盘后，张骞二人继续西行，没有食物和水，他们就沿途射猎一些飞禽走兽，饮血解渴，食肉充饥。他们穿过沙漠戈壁，翻过葱岭，几经奔波到达了大宛，也就是如今的费尔干纳盆地，塔吉克斯坦、乌兹别克斯坦、吉尔吉斯斯坦三国的交界地。

大宛的首领对兴盛的汉王朝向往已久，早就想与之相交，但

敦煌莫高窟壁画中的张骞出使西域的情景

无奈路途遥远且凶险，所以一直未能如愿。当他听到张骞是大汉的使者时，非常高兴，不仅热情款待，还带张骞参观游览了大宛独特的物产资源，比如汗血宝马以及胡麻、蒲桃等植物。临走时，首领让张骞带一些特产回去，张骞婉拒了，但向首领要了一些植物的种子。

在大宛首领的帮助下，张骞先后到了几个西域部族，获得了石榴、无花果、胡桃等水果的种子，最后找到了大月氏的栖息地大夏。大夏土地肥沃，物产丰富，大月氏在此定居，过上了安定祥和的生活，不想再卷入战争。一年后，张骞见大月氏始终不为所动，只好归国。

张骞这次出使虽然没有完成任务，但经过十三年的探访，他对西域各部族的文化、风俗、物产等有了非常详细的了解，为汉朝开辟通往中亚的交通要道提供了宝贵的资料，并为汉朝的饮食发展做出了意外贡献。张骞等人从西域引进了胡瓜、胡荽等物产，极大地丰富了人们的饮食生活，也把中原的桃、李、杏、梨、姜、茶叶等物产以及饮食文化传到了西域，中原和西域的本土食材和特色吃法在相互交流的过程中得以发展和创新，从而衍生出越来越多的种类。

几年后，张骞受命再次出使西域。这次出使加强了与西域诸部的友好往来，促进了各部族与汉朝的贸易关系，使得汉朝与西域的交通（丝绸之路）得以建立，同时对饮食文化的发展有了更大的促进作用。此后，西域和中原的饮食文化交流越来越频繁，各种烹饪方法、食材以及器皿都在这一过程中不断传入和引进，今天在原西域地区的汉墓出土文物中，就有来自中原的木制筷子。

第三节 饮食文化中的特色

我国饮食文化与时代发展、地域、民俗、食具、技法、宗教等都有着密不可分的联系，也正是如此，它才如此独具特色，能够展现出不同的文化品位，不同的外在形式，甚至于不同的使用价值。

食物原料的变迁

从历史的角度来看，我国古时各个朝代和时期的食材共经历了三个阶段，即发现期、丰富期和变动期。

远古时期，中华先民为了生存，就会搜寻和发掘各种可食用的自然之物。开始，他们最可靠的食物来源就是各种植物，长在树上的、结在藤蔓上的、埋在土里的野生植物的果实甚至于根、茎、叶都是古人类填饱肚子的美食。当逐渐学会使用简易的工具后，动物便越来越频繁地成为他们的口中餐，且不仅仅是弱小的动物如江湖河海的鱼虾、天上的鸟雀等，有时候，庞大的犀牛、凶猛的老虎也会被人们所捕获，只不过当时因为各种条件限制，人们

大豆图

南宋任仁发绘。我国自古栽培大豆，现如今已有五千年的历史。它的营养价值很高，被称为『豆中之王』『田中之肉』等，古代常将大豆炖煮或是磨成粉状食用。

黍和稷

选自《诗经名物图解》。黍，即黄米；稷，即高粱。是古代主要的农作物。

荇菜

选自《诗经名物图解》。

韭与瓜

选自《诗经名物图解》。

清·郎世宁 瑞谷图

雍正初年，全国五谷丰登，雍正皇帝令大学士张廷玉传旨，清朝御用画师意大利传教士郎世宁作《瑞谷图》，作好后，雍正皇帝颁示《瑞谷图》并降旨曰：『今蒙上天特赐嘉谷，养育万姓，坚实实好，确有明征。朕祇承之下，感激欢庆。着绘图颁示各省督抚等。朕非夸张，以为祥瑞也。自兹以往，观览此图，益加儆惕，以修德为事神之本，以敬民为立政之基』。可见对于饮食之本的食物，统治者也是十分看重的，因为它不仅是民生之必需，也是立国之根本。

不能够将这些食材烹制成多种多样的菜肴，只能生吞活剥或做极简单的加工（火炙、石燔、汽蒸）。

原始农耕出现后，家畜饲养也逐渐发展起来，人类有了稳定的食材来源，不用再完全依靠狩猎获取。中国古代将栽培谷物统称为五谷，主要包括粟、黍、豆、菽、稻、麦、麻等，这些谷物在农耕时期就已经相对齐全。农耕部落最早饲养的家畜是狗和猪，中国传统家畜中的六畜即牛、马、羊、鸡、犬、豕（猪）在新石器时代就已被全部驯服。从狩猎到农耕，人类的食材来源和类型都有了很大的不同，尽管在种类上可能并没有增多，但这代表了整个社会的进步。

小麦与大麦

小麦与大麦是我国古代种植面积最广的粮食作物，除了用作主食，还会用作酿酒之用。

原始时代结束，奴隶制社会开启后，食物原料开始了漫长又多彩的丰富期。

农作物方面，夏、商、周时期，五谷中的黍、稷、粟已经得到广泛种植，成为人们的主要食源，麦、粱、稻、麻等也在日常食物中占有重要地位；魏晋南北朝时期，粮食作物品种得到了极大的丰富，据《齐民要术》记载，当时仅小米就有三十八种，大米十三种，糯米十一种。

肉食方面，动物性食物在人们日常饮食中的地位越来越重要。人们在饲养家畜之余也会狩猎，一些帝王贵族为猎奇，还会捕食珍稀物种，与此同时养鱼捕鱼越发平常，从家畜到野味再到各种鱼类、海鲜都成了人们的口中之物。

蔬菜和瓜果方面，到先秦时期，最重要的蔬菜一共只有五种：葵、藿、薤、葱、韭，水果也不丰富，两者种类的增多主要是因为从国外传入了很多蔬菜和瓜果品类，多发生在汉朝及其后期。西汉时期，核桃、葡萄、胡萝卜、石榴、黄瓜、豌豆、胡椒、芝麻、姜、葱、大葱、大蒜、

胡萝卜

选自王世昌等绘《本草品汇精要》。胡萝卜原产于亚洲的西南部，阿富汗为最早演化中心，栽培历史在2000年以上。约在13世纪从伊朗引入中国，发展成中国生态型，以山东、河南、浙江、云南等省种植最多。胡萝卜其肉质、根供食用，是春季和冬季的主要蔬菜之一，享有『小人参』『金笋』的美誉。

蒜

选自《本草图汇》。大蒜又名葫，属百合科葱属植物，原产地意大利西西里岛，中国人食用大蒜的年代较晚，大约是汉朝张骞出使西域后才引进的。蒜头、蒜苗、蒜薹均是良蔬又是食疗佳品，大蒜含有丰富的抗癌物质，是一种健康蔬菜。

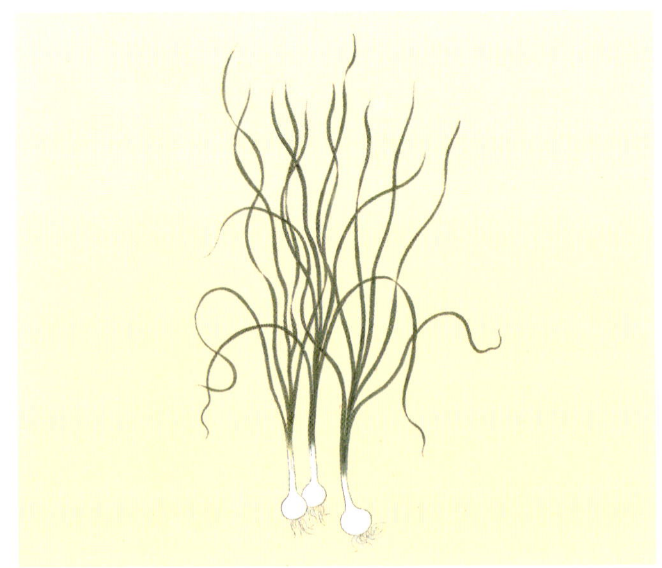

白冬瓜

选自王世昌等绘《本草品汇精要》。据古书《广雅》载：『冬瓜经霜后，皮上白如粉涂，其子亦白，故名白冬瓜』。《本草纲目》则称：『冬瓜以其冬熟也』。可见这两种叫法，都各有道理。我国在一千四百年前就熟练栽种冬瓜。冬瓜在古代是一种比较常见的蔬菜。

香菜、茴香由西域传入中原；三国魏晋时期引进了苹果、茄子、扁豆；唐代时，菠菜、无花果、开心果出现在中土……当然了，除了外来物产，我国本土的蔬菜和水果也有新增，比如气候温暖的江南一带，盛产荔枝、甘蔗、龙眼、槟榔、香蕉、椰子、橄榄等。

调味品方面，盐是最早出现的，可追溯至上古时期，到了夏朝时，酿酒失败产生了醋；商朝时人们开始将酒和糖用于调味，盐、醋、酒成为当时的烹饪调味三大巨头；春秋战国时期，动物油出现，由此诞生了新的烹饪方法——“油烹”，出现了简单的冷饮制品和蜜渍、油炸点心，花椒、生姜、桂皮、小蒜普遍运用；秦朝时调味品则越发丰富起来，麦芽糖、蜂蜜、醋、梅、豆豉、花椒、姜、蓼、茱萸都有，其中最为著名的还是秦朝“特产肉酱”；两汉时期普遍开始食用和制作植物油，除了菜籽油、麻籽油外，还有胡麻油和大豆油。此外还将秦朝的大酱做了改进，不仅有牛、羊、兔、鱼等肉类酱，也有芥子酱、榆子酱等植物酱，顺带发明了豆酱；唐代时，麻油成为油中霸主，其他调味品则是历代的综合，包括盐、醋、酱、豉、饧、糖、乳、酪、花椒、酒、姜、葱、桂皮、陈皮等。

从两宋到元明清，饮食原料进入变动期。这一时期，也有很多外来食材的传入，比如宋代的绿豆、南瓜、木耳菜、西瓜、木瓜，明代的玉米、马铃薯、番薯、番茄、菜豆、油梨、腰果、西洋参、四季豆、豇豆等，清代的洋葱、洋姜、土豆、卷心菜、西葫芦、生菜、菜花。人工培育蔬菜瓜果也日渐增多，花卉入食变得普遍。但与此同时，随着饮食结构的变化，很多食材也逐渐被淘汰，麻籽不再作为主食，野菜日渐绝迹，野生禽兽被家畜替代。

“民以食为天”，饮食是人类生存和发展的第一需要，食物原料则是饮食文化体系中最基础的部分。

烹食的风味流派

我国幅员辽阔，南北大约跨了五十个纬度，东西大约跨了五十二个经度，各区域地理差异显著，在不同的自然条件下，各地区人们的生活习惯、物种类型、经济文化发展等各不相同，再加之宗教信仰、文化传统等因素的影响，在饮食方面，逐渐形成了不同的风味流派。

中国菜肴有许多流派，可按照不同的依据进行划分，不过较为流行的还是以地域为界，划分而成的十二种菜系，分别为鲁、苏、川、粤、浙、徽、湘、闽、京、沪、豫、陕，其中最有影响和代表性的，受到人们普遍喜欢和认可的有鲁、川、粤、苏等菜系，即中国“四

女宴会厨师

中国四川省，东汉，公元1—2世纪，现存于波特兰美术馆。由此可见当时就有专门的厨师负责宫廷宴会食品的制作，体现了我国古代对饮食的重视和喜爱。

大菜系”。

菜系也可叫作帮菜，是指经过长期的发展，在选材、刀法、调和、烹饪等技艺方面自成体系，具有鲜明的特色、知名度较高并被各地所承认的菜肴流派。

悠久的历史，是菜系形成的重要条件之一。我国四大菜系的形成，便可追溯至春秋到秦末那一段遥远的历史。

春秋战国时期，随着周王室的日渐衰落，各个诸侯国之间的争斗越发频繁，它们的互相合作或吞并无形中促进了不同地区风俗文化的交流，各个民族在这过程中互相融合，于饮食文化上表现出南北菜肴风味的差异。

齐鲁之地的饮食文化是北方饮食文化的重要组

成部分。古齐鲁是我国古代文明的发祥地之一，当时齐鲁地区经济相对发达，烹饪条件较为齐全，人们对烹饪之事也很重视，因此发展了丰富多彩的饮食文化，为鲁菜的形成奠定了基础。

南方，楚人称霸，越国灭亡后，其影响力扩增至长江下游及江淮、南海等地。楚人所居之地，气候适宜，物产丰富，在这样有利的条件下，楚人尽烹饪之能，发明了多种菜肴，也为苏菜的形成创造了条件。

战国末期，秦占领巴蜀，将水患之乡改造为天府之国。在此地居住的秦人沿用自身的饮食特色，再结合当地巴蜀的气候、风俗文化、传统饮食，创造了更为独特的饮食文化——川菜的前身。

秦末，赵佗率兵兼并桂林、南海等地，建立南越国，将中原的烹饪技术和器具引入岭南，并结合当地饮食资源，创新了多种佳肴。刘邦授封为南越王后，利用岭南的气候、交通、物产等优势建立了岭南政治、经济、文化交流中心，进一步促进了当地饮食文化的发展。此后，岭南地区的饮食得到了空前发展，为粤菜的成型做足了准备。

四大菜系中，鲁菜的前身是药膳，起源最早，可追溯至商朝晚期，在春秋末期获得极大发展后，到了宋代就已经成为"北食"的代表，至明、清两代，成为宫廷御膳主体，形成了稳定的流派，在京津地区影响颇大。鲁菜的特点是纯净、清香、鲜嫩，常用清汤、奶汤做底，清汤色清而鲜，奶汤色白而醇。

川菜在秦末初露头角后，于唐宋时期迅速发展，到明清时因辣椒的传入，进一步稳定了味型特色，极负盛名。川菜的特点是油重、味浓，必用辣椒、花椒、胡椒，在酸甜苦辣麻五味基础上，

西周　青铜带座卣

34.3厘米×24.1厘米×22.9厘米.是一种用来盛酒的酒器。西周青铜卣制作于3000年前西周早期，器盖与器身的两面皆神面，神面头有双角，双睛圆鼓，直鼻小耳，大眼暴张，龇出两颗獠牙，威猛之中略带笑意。可见，早在西周时期，酒文化已在贵族阶层盛行。

▼战国　夔纹耳甑

古甑是中国古代的蒸食用具，甗作为上半部分，与鬲通过镂空的箅相连，用来放置食物，利用鬲中的蒸汽将甑中的食物煮熟。单独的甑很少见，多为圆形，有的无耳。这个炊具的发明本身就是饮食文化的一个创新。古人知道腌渍食物便于保存，而后发现蒸食可以将腌渍食物恢复部分的口感，还能获得新的味道。

▼周代　青铜鬲

古代的炊具及礼器，下一部分为鬲形，上部分为甑形，通过加热使下面的水沸腾，蒸汽上升从而蒸熟上方的食物。

加上各种调料，相互配合，形成各种复合味。

苏菜最初可以看作是春秋战国时期的吴国风味菜肴，到唐宋时期成为南食的代表，元代时发展成一定规模，至明清完全形成流派。苏菜的特点是清淡爽口，重食材鲜活和成品造型，讲究刀工和火候。

粤菜在西汉时期的《淮南子》中就有相关记载，南宋时期初具规模，汉唐时因广州地区经济发展迅速，知名度大大增加，清代形成“帮口”。粤菜的特点为选材奇广，注重突出食材原味，烹调方法富于变化。

秦末汉初，鲁菜初具规模，川菜基本成形，苏菜和粤菜已有雏形。到了唐宋时期，南食、北食自成体系，南甜北咸的固有格局形成。清代初期，鲁菜、川菜、粤菜、苏菜成为当时最有影响力和地方特色的菜品，“四大菜系”完全成型，清晚期即及其后，浙菜、闽菜、湘菜、徽菜四大新地方菜系分化形成，与“旧四菜系”共同构成中国的“八大菜系”。

式样繁多的餐具

餐具，亦是一种文化象征，餐具的改变和进步在某种程度上也代表了人类文明的历程。中国饮食文化博大精深，其中的餐具文化更是独具特色。

上古时期，人类最开始的餐具就是平整的石块、锋利的石片以及小型的石子，真正的饮食器具出现是在农业经济出现后。新石器时期，中华先民学会了用泥土烧制陶器，陶罐可以说是第一种问世的饮食器具，具有炊具和食具的双重作用。随着时间的推移，饮食器具也有了细化的分类，炊具和食具开始单独使用，出现了鼎、鬲、釜、灶等炊具以及钵、碗、盆、盘、杯等食具。

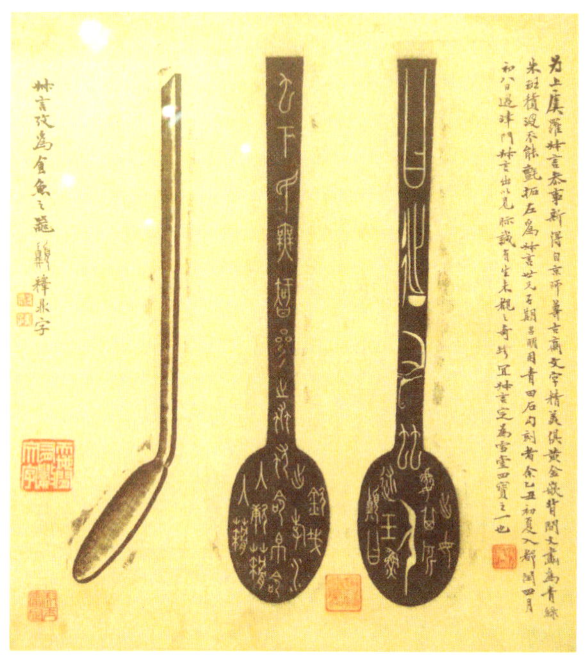

角鼎匕

制作于战国早期，传 20 世纪 20 年代山西浑源出土，出土时残长 18.87 厘米，曾被一代名家罗振玉收藏，现由辽宁省博物馆藏。上刻有铭文。古人用来吃饭或盛食物之用，相当于现在的勺子。

夏朝时，饮食器具开始革新，泥质的陶器逐渐由精巧的青铜器替代。夏、商、周三代，饮食器具种类丰富了很多，主要可分为三大类，炊具、食具和酒器，炊具有鼎、鬲、甑、甗、釜、鬶等；食具包括敦、豆、瓿、簠、簋、盨等；酒器有尊、爵、觚、觥、觯、斝、卣、觞、角、盉等。除此之外，常见的青铜器还有贵族吃饭饮酒时助兴用的青铜乐器如钲、铎、铙、钟等。

相比于陶器，青铜食器的传热效果更好，使得烹饪功效和菜品质量得以提高，同时还能够显示礼仪，装饰筵席。

当然了，很多青铜餐具多为贵族和重大庆典祭祀活动时使用，日常生活中，平民大多还是用陶器。值得一说的是，刀、斗、勺、匕、箸是在春秋晚期才出现的，那一时期部分经济发达地区，还出现了铁质的釜。战国以来，铁的开采和冶炼技术逐步发展并推广，铁质工具出现越加频繁，不仅有农具，还有大批量的铁质厨具、餐具。

秦汉及三国时期，饮食器皿在种类上与上代相比，没有大的变化，外观上多由厚重转向轻薄，由烦琐变得简单，使用起来更加方便，且有一些融入了胡风。到西汉时，与铁相关的行业成为国民经济支柱之一，铁质的锅釜和刀具开始广泛使用。铁质的器具比青铜导热效果更佳，且轻便易取。

三国以后，饮食器具的主要变化在于普通家庭中陶器的淘汰和瓷器铁具的盛行，官宦贵族中金银制品的普遍。

魏晋南北朝及隋唐时期，皇室贵族中除了铜制外多使用金银制的餐具，包括金勺子、金盏、银盆等，瓷器也开始崭露头角，有越窑海棠式大碗、青釉壶、黑釉凤首壶、白瓷瓯等。此外，由于饮茶之风的盛行，西晋时茶壶出现，新增的器具中茶具数量极多，有时候酒器也被用来饮茶。

唐代时越窑青瓷和邢窑白瓷两大体系形成，宋代时，陶瓷业已相当发达，可谓是瓷器的狂欢，有印花白瓷、青釉细瓷、海棠红窑以及著名的汝窑瓷、景德镇青瓷等，寻常百姓家中开始出现民窑瓷质餐具的身影，帝王贵族及宦官豪绅则更青睐金玉、水晶、玛瑙制品。宋朝时人们还发现了很多大型铁矿，冶铁技术更为先进，由此出现了更多铁质炊具和酒器。其中，铁质炒锅使得人们在饮食上有了新的突破——掌握了“炒”的烹饪方式。

元明清三代，瓷质餐具的种类和样式又有了诸多丰富和创新，

▶商后期　亚丑父丙角

酒器。高22.6厘米。前流后尾有盖平底无柱『角』。全身满装密集细线浅浮雕兽面纹，器腹中间上有浮雕兽首，口下吐出长条状如兽『舌』，上饰有细钩纹排列。此舌形且见于器腹两面交接处的两端。器盖前有高浮雕叶形耳兽首，耳上满装纹饰，亦为细线浅浮雕的云雷纹，中间有近似『兽舌』装饰，中间有一环钮，便于提举。器上有兽首，鋬阴与盖腹内有铭文三字，乃亚丑族祭祀父丙者。可见古人对酒文化的重视以及饮酒风气的盛行。

▲商中晚期　钩连乳丁纹羊首罍

正像王学泰先生说的，夏商两代的统治者不仅在吃上日渐讲究而且也开始注重餐具、食器。可见，古代时的人们除了满足自身的口腹之欲外，对饮食的精致化要求也推动了日常使用餐具的发展。钩连乳丁纹羊首罍高37.3厘米，口径31.3厘米。肩饰高浮雕羊首，与江西新淦所出铜罍形近；肩上夔纹之突点、扁平立鸟肩饰、及腹部钩状棱脊，与湖南华容所出尊装饰手法相近，故此罍实具商代南方作风。是商代时期用来盛酒或者盛水用的器皿。

西周早期　作册大方鼎

高26.5厘米。为西周时期的烹饪之器，相当于现在的锅，常用于炖煮食物或者作为容器盛放鱼肉。

西周　追簋

高35.1厘米，簋为盛食器，古代人一般用它来盛放煮熟的饭食，祭祀的时候也作礼器之用。器体较大，隆盖，顶有圆形捉手，侈口，鼓腹，圈足，下附方座，腹部两侧以回顾龙为耳。盖缘、口沿下饰窃曲纹，腹部饰连体龙纹，方座饰卷体龙纹。盖器同铭，各铸7行60字。

西周　长子鼎

主要作用是烹煮食物，鼎下有三条腿作为支架，腹下烧火，锅中也可以放油，用油烹煮食物。

西周 父辛觥

觥，全器做方形，四角稍方，流口、束颈、垂腹、圈足、弯把，把作兽首形。颈部与圈足饰顾首夔纹，以雷纹为地。在古代，青铜器作为盛东西的食器或酒器外，还是贵族进行筵飨、祭祀等礼制活动的重要礼器。青铜器在日常生活与仪式活动中没有特别明显的分别。《战国策·中山策》中有『饮食餔馈』的说法。古人祭祀的礼制活动与日常饮食是杂糅在一起的。

东汉 铜鎏金山纹兽足樽

樽是汉代主要的盛酒器。

外表还会绘制美女、花卉、山水画。清朝前期，餐具大体沿用前代的制式，皇家贵族的餐具材料多为金、银、铜、玉、玛瑙、水晶、象牙，有金嵌珠錾花杯或盘、青青玉柄赤金叉火金勺、玉镶赤金筷、金錾花高足白玉盖碗等，后期西方餐饮传入，餐具也随之改变；平民中则一直以铁质炊具和瓷质食具为主。

餐具材质和形制的演变，既是社会生产技术进步的体现，也是人类文明进步的标志。

千载不散的筵席

筵席与日常饮食相比更具特殊性，是一种有目的的聚餐方式，要具备一定规格数量的成套菜单，设定明确的主题，遵循严格的礼仪程序。中国筵席是从古时聚餐和祭祀活动中演变而来的，到形成系统而多彩的形式和文化，经历了漫长的发展历程。

原始社会晚期，原始部落在进行巫术活动时，集体进餐的方式就已经产生。随着祭祀从巫术中脱离自成一体，饮食在祭祀中越来越重要，筵席随之产生。据史料记载，筵席的出现，最早可追溯至距今四千多年前的尧舜时代。古人进行祭拜活动时会围坐在一起，由部落首领给他们分发食物，待祭祀典礼完成后，大家共同就餐。筵和席就是当时人们的坐具，筵粗且长，直接铺在地上，席短而细，置于筵上，这种席地而坐一起吃饭的形式便是筵席的萌芽。

夏、商、周三代，随着社会生产力的提升，筵席获得了很大发展，初步成型。这一时期，仍是沿用原始社会的习俗，大多是在祭祀的基础上设置筵席，祭祀种类众多，除祭拜天地和鬼神外，还有衣祭、翌祭、大射礼、婚礼、侑祭、乡饮礼酒、公食大夫礼等活动。不过，这时的筵席类型虽多，但在格式上并没有太多讲究，只是规定了祭祀的贡品等级，如太牢、少牢。

周代以后，尤其春秋战国时代，是筵席发展的关键时期。当时，筵席已经发展到相当高的水平，规模较大，形式也更加多样，并产生了等级，成为贵族宴饮的一种形式。筵席等级不同，其上陈列的菜品、餐具、乐器的数量和种类以及筵席礼仪也都不尽相同。

秦汉两代，伴随着食物原料的丰富、膳食设备的完善和烹饪技术的提高，筵席在前代旧制的基础上又增加了众多花样。尤其在皇室中，筵席数量和种类大幅度增加，如皇帝登基宴、后妃册立宴、上皇千秋宴、诸侯封赏宴、会盟宴、游猎宴等，著名的鸿门宴即可看作会盟宴的一种，在坐席、摆设、礼仪等方面都十分讲究。西汉开始，筵席菜品制作越发精美，数量也大大增加。

隋唐两宋，是筵席发展较为辉煌的阶段，也是筵席面向社会、民间的重要时期。唐代，国力强盛，物资丰富，烹饪技巧精湛，在此基础上，筵席得到充分发展，各种名宴层出不穷，如国宴、龙凤宴、烧尾宴、曲江宴等，其中的国宴，排场极大，十分豪华。宋代，宫廷宴会更为豪奢，餐饮业发展迅速，各地均效仿京师，宫廷民间都十分注重饮食生活，筵席进一步发展，格局不一，繁简皆有，如皇寿宴、春秋宴、饮福宴、琼林宴、耆宿宴等。

元明清时期，随着社会经济的繁荣和各民族融合，筵席日趋成熟。清代，是筵席发展的巅峰时期，品类和礼仪繁多，改年号时有定鼎宴，皇帝大婚有婚礼宴，过生日有万寿宴，太后生日有圣寿宴，还有元日宴、冬至宴、凯旋宴、千叟宴、乡试宴等，其中排场最大、最有影响力的是满汉全席。据记载，其菜品在清中期时有一百一十道，到了末期，已经多达二百道。

中国筵席文化是中国烹饪文化的重要组成部分，也是其中最为绚丽的篇章。

宋·郝澄　醉酒图

21.9厘米×23.3厘米。图中有两位男子，一个男子背着另一个醉的不省人事的男子，前面还放着一个空酒瓶，酒醉尽兴而归，体现了饮酒之风在古代百姓中的盛行和人们对饮酒的痴迷。

太常卿兼經筵侍
書程南雲題

宋人摹五代顾闳中《韩熙载夜宴图》

北京故宫博物院藏。图卷描绘了后唐官员韩熙载家设夜宴载歌行乐的场面，共有五个场景，分别为：宴罢聆听、击鼓伴舞、画屏小憩、玉人清吹、夜阑余兴。表现了当时筵席的隆重和丰盛的内容。

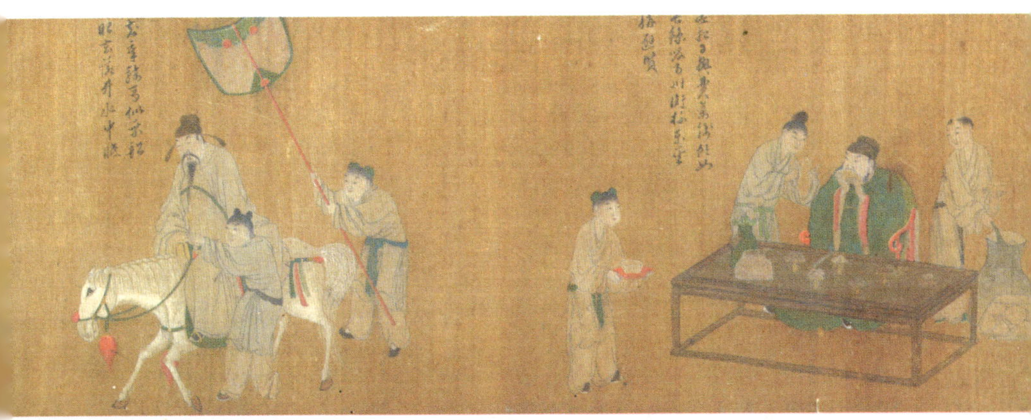

明・尤求　饮中八仙图卷

藏于中国厦门市博物馆。图中的『八仙』指的是大唐的八个艺术家与名士，分别是：诗人李白、贺知章、草书家张旭、汝阳王李琎、李适之、高士崔宗之、苏晋和雄辩家焦遂。可以看到他们每人桌上的精美的食器和精致的食材，推杯换盏中，此八仙大快朵颐，享受美酒佳肴。

清·罗聘　筱园饮酒图轴

80厘米 ×54.6厘米。描绘扬州私人园林的风景画：偌大的宅院被松柏杂树所包围，房屋排列有致，几人正在屋内饮酒清谈。大概是秋冬时节，叶木已然飘零，庭院显得寂静而空旷。筱园建于康熙末年，位于二十四桥畔，滨湖而筑，凿池引水，修亭筑榭。春有芍药夏有荷，秋有桂花冬有梅，栽松种竹，可谓四时之景俱佳。图中几位文人在此环境中饮酒、畅谈，表现了古人对饮食环境的要求。

清·任伯年　投壶图

『投壶』是以盛酒的壶口为目标，用矢投准，负者须饮酒的一种竞技游戏。把饮酒作为一种赏罚筹码运用在古代人的生活中，给他们的生活带来了乐趣。

贰 食之纷繁

第一节　宫廷特供

在权力高度集中、等级制度严明的封建社会，饮食自然也是与权力挂钩的，最好的美食往往最先出现在帝王的餐桌上。在当时难以为世人所知、所品的宫廷菜堪称中国传统美食中的精华，使得中国饮食文化达到了登峰造极的境界。

『红棉虾团』献吕后

中国宫廷膳食的形成和发展与历代社会经济、政治、文化的发展是密不可分的。夏朝时，掌管宫廷膳食的专职官员“庖正”就已出现，商朝时宫廷饮膳获得了极大的发展，从第一任君王成汤开始，负责膳食的官员就有了细致的分类，除庖厨外还有宰夫、司鱼、内瓮等。西周时期，宫廷御膳机构更为完善，各类供食用的动物、食材、饮料以及制作盛放食物的器皿都有专门的人管理，设有膳夫、庖人、兽人、渔人、腊人、盐人、酒人、内饔、外饔

西汉　食官弦纹鼎

西汉食器，用作盛食物或者煮食物，鼎的两耳呈环形，三足较矮，器腹上的弦纹却较为高凸，器盖上的三枚环形钮上各有一个小圆饼，这是为了当鼎盖翻转仰置时，可以平稳地放置不会倾倒。『食官』本是掌管帝王饮食的官吏，在周礼中称作『膳夫』，也称大官或太官，属少府管辖。

西汉早期　螭纹鐎

鐎，附钮盖、斜肩、兽形流、圆腹、弯把、兽形足，盖与器身以卡榫相接，把作兽首形。器盖饰蟠螭纹。古人喜饮温酒，『鐎』即是一种汉代常用的温酒器具。其特征为侧边的长柄，可持之置于炉上，用以加热酒浆。

清・丁观鹏　仿仇英汉宫春晓图卷

图中描述的是初春时节宫闱之中的日常琐事：妆扮、浇灌、折枝、插花、饲养、歌舞、弹唱、围炉、下棋、读书、斗草、对镜、观画、图像、戏婴、送食、挥扇，画后妃、宫娥、皇子、太监、画师凡一百一十五人，个个衣着鲜丽，姿态各异。

等机构，相关人员约有两千五百名，且规定了帝王皇室所食用的菜肴、饮品、调味料等。

汉朝对秦朝以来的大一统又加以巩固，其强大非商周所能比，宫廷饮食当然也更进了一步。汉朝帝王拥有全国最完备的食物管理系统，因而负责皇室饮食的官吏组织也相当庞大，主要分为三大类，主膳食的太官，主饼饵的汤官和主择米的导官，太官令下设有七丞，太官和汤官各拥有奴婢三千名。

这样的膳食系统也从侧面反映出了汉朝皇室在饮食上的丰富和奢侈，汉朝礼制规定，天子饮食之肴，必有八珍之味，季节变化和地域差距对饮食的限制在皇帝及其后妃身上并没有明显的体现，他们冬天依然可以享用春夏的蔬菜，夏天也能吃到来自各地的新鲜水果，甘肥饮美，殚天下之味，尽各式菜肴。

汉朝宫廷菜式种类繁多，不一而足，其中有一道宫廷名菜，背后还有一段精彩的故事。

公元前 206 年，乌江之战，刘邦大获全胜，项羽自刎而亡。高祖大业建成，没有忘记枕边人的付出，想给皇后吕雉定制一件特别的红衫，让她在自己登基称帝时穿上。随后，高祖便下令让人去找红色的布料，但必须是天然红色丝绸，不得染色。

高祖圣旨一下，大小官员们就开始忙活了，谁都想着找到那天然红绸，赢得万两赏金，运气好的话，说不准还能加官进爵。可是这天然红绸实在难得，他们找了整整一年也没个线索，高祖对此非常生气，恰好这时，有侍卫来报说萧何将军从一个商人那得来了未经染色的天然红色丝绸，高祖大喜过望，又让人问了布料从何处寻得。

原来商人此前经过一村庄时偶然间发现一户人家的小院里有一棵开着红色桃形“花”的树，那花的颜色如朝霞般醉人，他当即花了三百两白银将此树买了下来，从树中提炼出红色丝绸后，献给了高祖。那树叫作红棉，种树者是一名姓夏的书生，为逃避焚书坑儒来到了红花村，他每年都要种十几棵红棉，用以纺线卖钱。奇怪的是，红棉本来开的白花，高祖登基后却一反常态，开出了红花。

次年，吕后生日之际，高祖大摆筵席为其庆祝。当天，身着红衫的吕后明艳照人，光彩夺目，到了用膳的时间，吕后突然想邀请那位种植红棉树的夏姓书生一起来热闹热闹，高祖便命令御膳房以红棉花的形状烹制一道菜，以欢迎书生的到来。

御厨们一听皇上亲自点菜，不敢怠慢，一同琢磨后，以太湖新鲜的大虾为主料做出了一盘酷似红棉球的菜，取名“红棉虾团”，并解释“虾”即为“夏”。

“红棉虾团”一被呈上就受到了众人的瞩目，只见它红白相间，色泽鲜艳，绚丽无比，一如吕后的风姿。吕后和高祖品尝后，都觉得酥脆爽口，酸甜适宜，十分美味，众人吃过后也纷纷拍手叫绝，此后，这道菜便成为宫廷菜肴之一，在历史变迁中流传了下来。

『蟠龙黄鱼』慰刘备

三国及魏晋南北朝时期，诸国林立，各宫廷由于所处的地理环境、风土人情、自然条件等差异，在饮食方面各具特色，但因社会动荡，王宫饮食水准呈现出较大的不稳定性，与汉王朝相比，在“随意”之余更加上了专属于那个时代的烙印。

三国是一个动乱的时代，同时也是一个英雄辈出的时代，各宫廷饮食很多也都与这两者相关，少了安定时期的奢侈之味，多了几分动荡之中的英雄之气，“蟠龙黄鱼”这道从名字和食材都颇为大气的名菜就是从三国时代的皇室中流传下来的。

赤壁之战后，曹操元气大伤，孙刘联军获胜，刘备有了属于自己的领地，三国鼎立局面由此形成。

当时，刘备的荆州本是从东吴借去的，但他却没有归还之意，这使得周瑜的戒备之心更重，把蜀汉完全当作了东吴的心腹大患。经过深思熟虑后，周瑜向孙权献计，可以借吴蜀联姻将刘备骗至江东，再逼迫他归还荆州，如此便可以免动干戈又能将失地收回。

孙权的胞妹孙尚香因没有寻得良人，一直待字闺中，孙权本意是使美人计用自己的妹妹去骗刘备，可孙尚香早就听闻过刘备之名，虽未芳心暗许但也有仰慕之情，心甘情愿成就这门亲事。

公元210年，刘备和孙尚香喜结连理。经过一段时间的相处后，孙尚香对夫君的品行为人有了更深入的了解，对其仁义大度的君子之风颇为欣赏和敬佩，因此对自己的婚事也更加满意。而这时，主张联姻的孙权和周瑜开始了他们夺取荆州的计划。

孙权派兵将刘备的住所团团围住，只等一声令下冲进去结果刘备的性命。此时的刘备孤立无援，只能终日愁眉紧锁，茶饭不思。贤惠聪灵的孙尚香当然意识到了夫君的处境，也知道这样的困境一时半会难以解除，看到夫君整日不吃不喝，很是心疼着急，便开始亲自研究烹饪之术，希望做出可口的饭菜，以解他的愁思。

一天，尝试了多次的孙尚香终于做出了一份令自己满意的菜肴，那是一盘用大黄花鱼为主料，虾仁、海参等为辅料的鱼馔，色泽诱人，鲜香四溢。刘备虽心事重重，但多天没有进食，看到这样的佳肴也不免心动，又听孙尚香说，这道菜名为“蟠龙黄鱼”，联想到自己是中山靖王的后人，孙尚香此举意在慰藉自己放宽心，

汉代　火盆

用作加热肉类的容器。容器上四个方向铸有动物，即东方的绿龙，西方的白虎，北方的黑武士（乌龟和蛇）以及南方的红鸟。

汉代　玉高足杯

高12.3厘米。是古代用来饮酒的酒杯，杯体略呈细长的圆锥体，有高足与单柄。自口缘至高足上，以五条横饰带围绕器表，饰带中浅浮雕各式云纹、四瓣叶纹。口缘处、柄之外侧、高足至器腹下端，都因接触铜锈，而染成绿沁。其中口缘处的沁色，绿中带蓝，青白有铜绿泌。高脚杯形。

东汉 漆碗（一对）

汉代流行漆器，据后代学者考据，大多是作为喝酒之用。

汉代 漆碗

直径26.5厘米，用来盛饭或者饮酒时用于盛酒之用。

有了这样的贤惠夫人，何愁没有出头之日。想到这些，刘备便把眼前的烦心事抛在了脑后，狼吞虎咽了起来。孙尚香看到后，知道夫君明白了自己的一番苦心，深感欣慰，脸上也露出了久违的笑容。

此后，刘备对这盘承载着夫妻情深和建功立业之愿的菜肴很是青睐，回到蜀国后也常常食用，“蟠龙黄鱼”也因此逐渐流传开来，成为后世人爱吃的名菜之一。

武宗结缘『游龙戏凤』

经历了独具草原部落民族饮食特色、豪放与细腻并存、清真食物盛行的蒙元朝后，宫廷饮食在明代又恢复了历代中原王朝对“山珍海味、玉食珍馐”的享受，重新回归了细致考究、花样繁多的面貌。

明代宫廷膳食系统分为内廷和外廷两大类，外廷负责朝廷举办的祭祀、宴会等，承办机构是光禄寺，协作机关是礼部；内廷则专门负责皇帝、皇室的日常饮食，负责机构有多个，核心为“十二监、四司、八局”。内外廷虽然负责的范围不同，但实际执行时并不分家，运行机制也是大致相同的，共有两种，一是由上而下即皇帝和后宫嫔妃们“点餐”，有什么想吃的就下旨到尚膳监，尚膳监到光禄寺领取所需食材，做好后呈上；另一种就是自下而上，光禄寺呈上菜单，备好食材，交给尚膳监，相关机构做好食物后进御。值得一提的是，由于明太祖小心谨慎，明朝宫廷御膳防范鸩毒是非常严格的，上呈的吃食几经试吃无毒后，皇帝才会享用。

在如此精细庞大的膳食系统下，宫廷膳食之事也更加繁多和讲究，皇帝的饮食几乎每天菜式不同，口味不一，而层出不穷的宫廷甜食糕点、酒酿饮料、菜肴汤羹都有赖于御厨们费尽心思的

明代　捧茶壶的侍女

釉面陶器 18.1 厘米 ×5.4 厘米 ×5.2 厘米。

钻研和创新。不过呢，凡事也都有例外，宫廷菜肴也并非全都出自御厨之手，明代正德年间就有那么一道特殊的菜品，源自武宗的风流韵事。

对于明武宗朱厚照，后人褒贬不一，但众多说辞中有一个倒是出奇的一致，那就是放荡不羁爱自由。作为一代帝王，武宗对皇宫的生活并没什么兴趣，对民间倒是十分留恋，常常明着暗着去民间走访。

正德年间，一次，武宗又和近侍从皇宫中溜了出来，游玩了几天后，他们来到了一个名叫梅龙镇的地方，听说这里有一家小

明·唐寅　夜饮图

30.5厘米×139.2厘米。图中可见一为官男子坐在桌前饮酒，桌旁有侍女端着酒壶负责斟酒，侍女身后还有一妇人，似在与男子说话。

酒馆非常有名气后，武宗就迫不及待地去一探究竟了。

那酒馆是一对兄妹所开，哥哥叫李龙，妹妹叫李凤。武宗一进酒馆就迎面碰上了李凤，瞬间被其美貌吸引住。为亲近美人儿，武宗随意点了一道菜指明让李凤烹制。等凤妹将菜端上来后，本就醉翁之意不在酒的武宗并不着急吃，而是不住地没话找话和凤妹搭讪。凤妹是一个聪明女子，她看武宗仪表不凡，就知不是

明代　陶瓷桃

高11.0厘米，直径11.4厘米。

普通人，既不迎合也不点破，只是与之周旋，而这则让武宗更加神魂颠倒，最终没忍住率先表明了身份，表露了对凤妹的爱慕之情。

为回报武宗的坦诚和情谊，凤妹也亮出了自己的看家本领，用嫩母鸡去骨剁条，挂蛋糊炸至外酥里嫩，出锅放在盘中间，四周用油爆鱿鱼围边，制成了一道鸡、鱼合烹的美味佳肴。武宗尝过后，连连称赞，并赐名“游龙戏凤”。

之后，武宗便带凤妹回到了皇宫，封其为妃，“游龙戏凤”也从此跻身宫廷菜单之列，成为后世的名菜之一。

宫廷饮食作为一个时代饮食文化的核心，所展现出来的特征也是最具有代表性的。明代宫廷饮食在其发展过程中除却上面提到的御膳系统精细外，还具备了食物原料多样、注重养生保健、前期简朴后期奢华几大特点。

明代　青花山茶花纹如意耳扁壶

如意耳瓷器扁壶创烧于明代永乐时期，器形来源受到伊斯兰陶器及玻璃器影响，宣德时期持续烧造，目前可见白釉以及青花二种。其中青花可见以花卉、花鸟、花果以及人物图作为装饰者。这件扁壶有小口，细颈，腹部扁圆，平底无足，颈部两侧各有一耳连接颈部和肩部，器腹中央可以见到一道明显接痕。全器以青花为饰，颈部画转枝花卉，肩部饰蕉叶纹一周，蕉叶两旁略有晕染，腹部两面各有一株盛开的山茶。器底露胎，呈白色。无款。

明·王世昌等 酿酒图

选自《本草品汇精要》。图中展示了古代人的酿酒工艺和过程。

明朝宫廷所用食材除了各处供应的本土物产外，还有了更多外来品种，如南瓜、辣椒、玉米、黄鼠、银鱼等。受道教、佛教的影响，加之帝王多追求长寿，明代宫廷饮食中养生保健的特点非常明显，这在太祖朱元璋身上尤重。太祖刚登基时就曾传召当时的百岁老人询问长寿方法，后又得到贾铭所著的《饮食须知》，在宫中传阅，将其中的养生之道付诸宫廷膳食中。也正是因为如此，再加上太祖出身贫寒，深知百姓疾苦，所以明朝前期宫中各方面都主张从简，饮食多以清淡素食为主，并不奢侈，此后几代皇帝也大都沿袭，直到明中期成化年间，宫廷饮食才日渐奢靡起来。

雍正情迷『明珠鲍鱼』

纵观千年的饮食发展，不管在哪个时期，宫廷饮食始终代表着时代烹饪的最高水准。而作为中国最后一个封建王朝，清代宫廷膳食不仅是当时烹饪最高水平的体现，也是历代王朝中的顶尖代表，它总结并汲取了中国饮食文化的传统精华，融合并创新了各大民族的饮食特色，发展到了登峰造极的境界。

由于时间的关系，清代皇家饮食受明代影响最深，比如健康

清·佚名《胤禛行乐图册·寒江垂钓》

清·改琦　金鼎和羹图

115.4厘米×54.6厘米。金鼎，即黄金做的炊具，用来煮食物。和羹，即配以不同调味品制成的羹汤。《书·说命下》：『若作和羹，尔惟盐梅。』孔传：『盐，咸；梅，醋。羹须咸醋以和之。』由此可见，古人对于不同口味饮食的需求。

至上、注重养生，膳食机构众多、细分明确等，当然也有自身的特点，如忌食狗肉、菜系合并、筵席众多、因人配餐。

所谓因人配餐，指的是帝后口味各异，因此配餐的形式以及种类也都不同，比如溥仪对西餐感兴趣，就设置了专门的西餐厨房；光绪喜欢海鲜，顿顿都有鱼翅、海参、海蜇；乾隆注重养生，膳食粗细搭配，御膳房常备粗粮野菜以及龟龄酒、松龄太平春酒。

至于大名鼎鼎的雍正帝，对饮食并不十分讲究，与之相关的饮食之事大多只是与他的“声色犬马”相关。

都说乾隆风流，雍正才是真的“放浪”。电视剧《雍正王朝》曾大力渲染雍正勤于政务、饮食节俭，呈现出来一个接近完美的皇帝形象，实际上，史料中记载的雍正爷却大相径庭，他虽是个工作狂，但也对声色犬马兴趣颇浓。比如，非常喜欢养狗，不仅亲自遛狗做狗笼，还曾为养的四条狗在每日食材清单上专门加了二斤四两牛肉作为狗粮，这在《国朝宫史》及《钦定大清会典》中有相关记载；为缓解压力常常饮酒作乐，以至于发展到了酗酒的地步，还命人秘密寻来宁夏羊羔酒；对黑色情有独钟，让工匠制作了很多黑色调为主颜色的器物，包括用膳时的一些器皿餐具。

清代宫廷菜肴中还有一道名菜与雍正爷的好色有关，那便是明珠鲍鱼，也称红梅珠香。

雍正还未登基时，风流的性情就已成性，有一次，他到民间游玩，在河南一个小渔庄邂逅了一位渔家姑娘冯艳珠。雍正被其清新脱俗的美貌吸引，而艳珠也倾心于他的风度翩翩，两人情定三生，缠绵多日。后来雍正得到诏令回宫，临走时向艳珠起誓不多时日就会回来找她。

雍正回到宫中后就做了皇帝，忙于皇室内部的纷争和繁杂的政务，把艳珠姑娘抛在了脑后，忘了个干净。话分两头，雍正离开后，艳珠姑娘就一直在家等着爱郎的消息，可是时间一天天过去，直到艳珠生下了一对龙凤胎，雍正也没有回来。几年后，艳珠看两个孩子已经长大，就变卖了家产，携儿带女，揣着雍正留给她的信物踏上了进京之路。到了京城后，艳珠才发现偌大的京城，自己又人生地不熟，仅凭信物找一个人无异于大海捞针，不过她没有放弃，先找了家客栈安定了下来，边谋生边打听。

当得知自己的心上人竟是当今天子时，艳珠又惊喜又愤恨，但她很快冷静下来，分析自己的处境，她知道见皇帝并非易事，仅凭自己恐怕行不通。后来，她打听到自己落脚的客栈老板和宫里的御厨有来往，便恳求老板帮忙与御厨相见。

听了艳珠的遭遇，御厨很是同情，答应助她一臂之力。一天，御厨将自己烹制好的一道新菜呈给了雍正，雍正吃后觉得味道独特，就把御厨叫来询问是什么，御厨说名为掌上明珠鲍鱼。雍正听到这名字，心里一惊猛然回忆起那句“日后生子名包玉，生女叫明珠”的话。御厨见状，趁机将冯艳珠到京城寻夫的事情讲了出来，雍正听后，回忆起与艳珠的种种过往深有感触，随后履行了自己的诺言，将艳珠及儿女接到了宫中。

此后，“明珠鲍鱼”就成了宫廷菜单中的一员，并作为豫菜流传到了民间。

第二节　士大夫的品位

士大夫作为封建社会中一个既普通又特别的群体，对我国饮食文化的发展也起到了一定的推动作用，他们用自身的文化品位、美学修养以及家国情怀为饮食带来了浓重的文化底蕴和情感色彩。

张仲景制『娇耳』

士大夫是中国古代一个较为特殊的阶层，在历史推进的过程中其含义也在不断变化，先秦时，士指代最低等级的贵族，之后又演变为官宦的统称。南北朝以前，“士大夫”一词指中下层贵族。随着庶族出身的知识分子大量从政，隋唐以后逐渐成为文人的专属称谓，后世一般将其视为做官的文人或者有可能做官的读书人。

士大夫阶层虽没有皇家贵族般的经济地位和生活水平，但大都衣食无忧，喜欢自由，醉心于生活艺术，怀有济世之心，有较高的文化素养和精神追求，这些也都能反映在他们的饮食生活中。

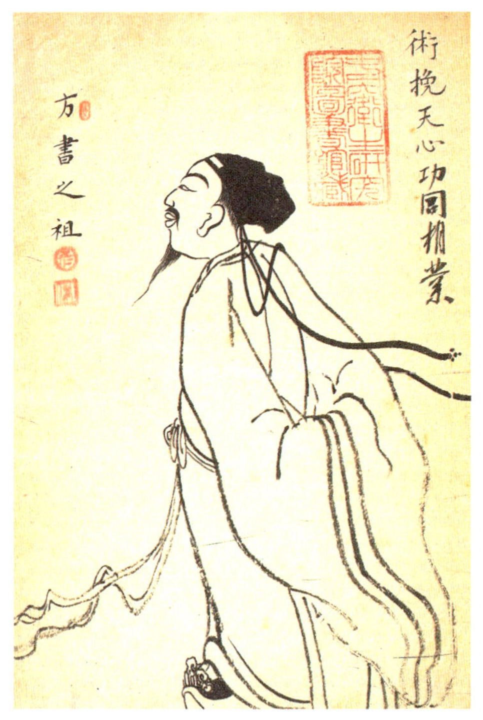

张仲景像

张仲景，名机，字仲景，东汉南阳郡涅阳县（今河南邓州市）人，为古代伟大的医学家。他的医学著作《伤寒杂病论》对于推动后世医学的发展起了巨大的作用。张仲景生活的东汉末年，是中国历史上一个极为动荡的时代。统治阶级内部出现了外戚与宦官相互争斗残杀的『党锢之祸』。军阀、豪强也为争霸中原而大动干戈。农民起义的烽火更是此起彼伏。一时里战乱频仍。百姓为避战乱而相继逃亡，流离失所者不下数百万。

东汉前期，国家稳定，经济繁荣，其饮食文化在袭承前代的同时也发展到了新的高度。到了末期，统治阶层内部外戚宦官争权不休，农民起义此起彼伏，军阀豪强争霸中原，瘟疫伴随着战争横行肆虐，一时间内忧外患，人们祥和的生活彻底被打乱了，饮食水平急转而下，“路有饿死骨”的情况时有发生。

一代名医张仲景就生活在东汉末年这样一个动荡的年代。

张仲景名张机，东汉南阳郡涅阳县人，举孝廉，官至长沙太守。东汉灵帝时，发生了多次大规模的流行疾病，很多人因此丧生，

服药禁食忌图

图中共四人，坐在椅子上的应是一位医官，在给坐在堂前的人讲授服药后的饮食禁忌，药物和食品都是相生相克，所以必须遵守规则，方能起到药效。

张仲景的族人也包含在内。面对战乱和瘟疫中死去的人们，张仲景内心十分悲愤，痛下决心从医治病救人。建安年间，他游历各处行医，目睹了各类流行疾病对百姓们造成的痛苦，此后更加潜心研究医学，将理论和实践结合，终于著成了《伤寒杂病论》一书。

张仲景任职到期告老还乡时，正赶上那年的冬天，寒风刺骨，滴水成冰。他乘坐马车到达自己的家乡时，发现路旁有一些老百姓仍在劳作，河边上还站着许多无家可归的人，他们被冷风吹得直打哆嗦，耳朵都被冻出了血，脸上满是痛苦的表情。作为医者，自然是慈悲为怀，张仲景见此情景心里很不是滋味，想着能有什么方法帮助这些穷人。

张仲景回到家后每天都特别忙，来看病求医者络绎不绝，但大都是官员和有钱人，张仲景就更记挂那些冻伤耳朵没钱医治的穷人了，他连夜研制御寒的方子，之后让徒弟和仆人在南阳东关的空地上搭建了一个棚子，专门为穷人舍药治病。开张那天恰好是冬至，施舍的药是一种“耳朵状”的食物，名为“祛寒娇耳汤”。原来，张仲景在研制药方时，又想到穷人们肯定经常吃不饱，于是就把药材和食物组合到了一起，将肉和药材放到锅里煮，熟了之后剁成馅，用薄薄的面皮包住，捏成耳朵状。

穷人们吃了娇耳，喝了汤，身上立刻暖和了起来，耳朵也不冷了，冻疮很快就好了。为了感怀张仲景，此后人们在冬至那天就会吃“娇耳”。“娇耳”便是如今饺子的雏形，在漫长岁月的发展中，呈现出了多样的面貌，有馄饨、粉角、扁食等称谓。三国时，饺子相对扁细被称为月牙馄饨，南北朝时称馄饨，唐朝时又称偃月形馄饨，宋代时名“角子”，状似广东地区的油角，元代时叫扁食，直到清代才有“饺子”一说。

诸葛亮偶创馒头

东汉末年三国时期，是一个白骨露于野、千里无鸡鸣的时代，也是一个食物种类丰富、饮食创新进步的时代。战乱纷争虽然对经济、政治、文化的发展产生了一定的负面作用，但并不能彻底阻挡其向前推进。

饮食方面，三国时期的一个巨大进步是发酵技术的成熟。麦食的盛行，是推进三国时期发酵技术成熟的一个重要因素。当时，麦食不仅是平民家中填饱肚子的良品，也是士大夫阶层比较喜欢的食物之一。

三国时期，寻常百姓家庭最常见的主食为小麦蒸成的饭，味

明 佚名 诸葛亮立像轴

道比大米小米饭要粗劣难咽，但很容易让人产生饱腹感，一些较为清廉的官员也经常食用，比如东吴的光禄卿孟宗，一次在孙权的宴会上因喝酒过多吐出了麦饭；行军打仗的官员会让厨师将面粉制成麦饼作为干粮，以备在途中食用。

根据《食经》的记载，三国时代的厨子可以利用发酵将两升面发成双倍，然后制成蒸饼，其中“十字形的蒸饼”在当时深受曹魏贵族和官员的青睐，被看作身份地位的象征。

除了上述的蒸饼、麦饭和麦饼外，三国时期还出现了我们至今还在食用的馒头，不过那时的馒头名字、形状都与现在有所差别，相传为诸葛亮为了祭拜所创，《三国志》中对此有详细的记载。

蜀汉建兴三年（225 年）秋，诸葛亮七擒七纵收服孟获后班师回朝。大军一路顺畅，但行至泸水时突然狂风骤起，乌云密布，河面上被掀起了滔天巨浪。一向成竹在胸的诸葛亮见此情形也没了主意，便去请教对这一带非常了解的孟获。孟获说，这里常年战乱不休，不知道死了多少人，那些冤魂化作妖魔鬼怪常常出来作祟，这反常的天气便是源于此，要过此河，就必须用七七四十九颗人头再加上黑牛白羊祭拜。诸葛亮听后面露难色，今日班师回朝，怎么能妄开杀戒呢?

诸葛亮苦思冥想，终于想到了一个好办法。他命令士兵将牛羊肉剁成肉酱，用发酵后的面粉将肉酱包住，做成人头的模样，再用笼屉蒸熟，取名为“蛮头”，意为“蛮人的头”。“蛮头”蒸好后，诸葛亮命人取了四十九颗摆在泸水边，一番祭拜后，丢进了河里，霎时间，天朗风清，晴空万里，河面也恢复了平静，大军得以顺利渡过。

鬼神之说没有什么科学依据，但诸葛亮发明馒头的说法倒是十分可信，这在明朝郎瑛所著的文言笔记《七修类稿》也有记载：“馒头本名蛮头，蛮地以人头祭神，诸葛之征孟获，命以面包肉为人头以祭，谓之‘蛮头’，今讹而为馒头也。”

诸葛亮发明的馒头更类似于现在的“包子”，内含有馅。晋以后，古人还有一段时间把这种带馅的馒头称作“饼”，《名义考》中有云：“以面蒸而食者曰‘蒸饼’又曰‘笼饼’，即今馒头。”《集韵》曰：“馒头，饼也。”唐以后，馒头的形态变小，多为观赏用，被称作“玉柱”或“灌浆”。宋代时，馒头开始作为点心食用，因其有馅，又称“包子”，宋人《燕翼诒谋录》中写道：“仁宗诞日，赐群臣包子。包子即馒头别名。”唐宋后，无馅的馒头才开始出现，《燕翼诒谋录》有言：“今俗屑面发酵，或有馅，或无馅，蒸食之者，都谓之馒头。”清代时，馒头的称谓出现了南北方的不同，北方将有馅的称为包子，无馅的叫馒头，南方则相反，也有的地区将甜馅的称为馒头。

名将的美食经

宋代时，政府推崇文治，实行重文轻武的策略，因而读书致仕的知识分子越来越多，士大夫一词逐渐变成一般知识分子的代称，到了南北宋之交及南宋末年，金人与元人崛起，争端随之而来，一些为官的知识分子在目睹了朝廷内部腐败和外部的威胁后，纷纷弃文从武，志在上战场阻挡敌军来犯，其中的典型代表非宗泽和文天祥莫属。

不过，他们虽弃了文官的身份，但与生俱来的文人气质却从未消失，对生活的情趣也不曾减退。

宗泽，出生于北宋嘉祐四年（1059 年），其家境贫寒，但素有“耕读传家”的传统，年幼时他就遵循祖训，刻苦读书，十几岁时，了解到宋朝当时的处境后，萌发了救国救民的思想，之后通过科举考试走上仕途。靖康元年（1126年），金兵大举来犯，在御史大夫陈过庭的推荐下，宗泽担任宗正少卿充任议和使者，后披甲操戈指挥战斗。靖康二年（1127年），金兵包围宋都，胁迫徽、钦二帝北去，小康王赵构在南京登基。不久后，宗泽改任职开封府，前往开封平息贼寇，后又率领“八字军”，收复失地。

一次，宗泽率领军队路过家乡金华时，受到了百姓的热烈欢迎，并收到了大量当地所产的“两头乌”猪肉。这种猪是金华的特有品种，猪身洁白，头尾乌黑，皮薄肉鲜，肥瘦均匀，宗泽本不想收老百姓的东西，可架不住父老乡亲的热情，再加上将士们连日征战确实没什么像样的干粮，就收下了。然而，到了启程时，宗泽却犯难了，这么多猪肉在路上，不出几天就得发臭变质，怎么办才好呢?

这时候，宗泽带有文人细腻的一面就显露了出来，思量片刻后，他命人把硝盐均匀地抹在猪肉上，再装入船舱。到了目的地后，众人打开船舱，发现猪肉不仅没有发腐，反而奇香扑鼻，纷纷称赞将军有办法。宗泽又让将士们用火将猪肉烧或煮着吃，味道比鲜肉更可口。

后来，宗泽到皇都复命时，还带了两块煮熟的“两头乌”猪肉。皇上看到那两个红火异常的猪腿时，十分兴奋，当即就让人备了酒，大吃海喝起来，一边吃一边称赞，还为之起了名字：“这就是火腿吧？不然怎么会这么红呢？”“火腿”的名字由此流传了下来。

比起宗泽的粗中有细和美食天赋，另一位名将文天祥也毫不逊色。

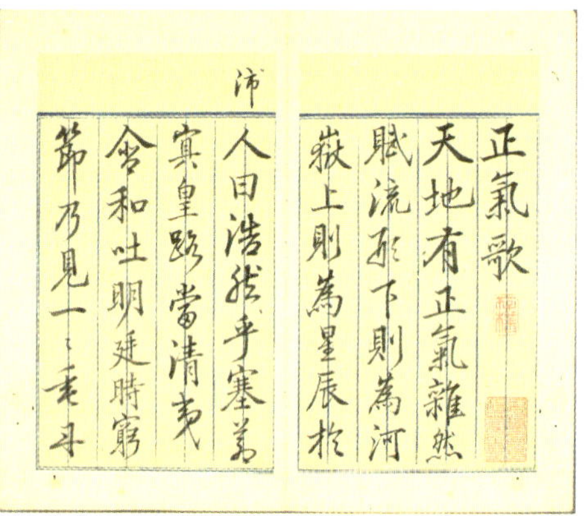

正氣歌
天地有正氣雜然
賦流形下則為河
嶽上則為日星於
沛
人曰浩然乎塞蒼
冥皇路當清夷
含和吐明庭時窮
節乃見一〻垂丹

青在齊太史簡
在晉董狐筆在
秦張良椎在漢蘇
武節為嚴將軍
頭為嵇侍中血為
張睢陽齒為顏常
山舌或為遼東帽
清操厲冰雪或為

躬崇霧露分作溝
中瘠如此再寒暑
百沴自辟易哀哉
沮洳場為我安樂國
豈有他繆巧陰陽不
能賊顧此耿〻在仰
視浮雲白悠〻我心悲
蒼天曷有極哲人

日以遠典刑在夙昔
風簷展書讀古道
照顏色
余被執抵燕一年易
寒暑心事不違也
憤填膺死不同溝
節之為文仰天西
嚮之反離騷無憤

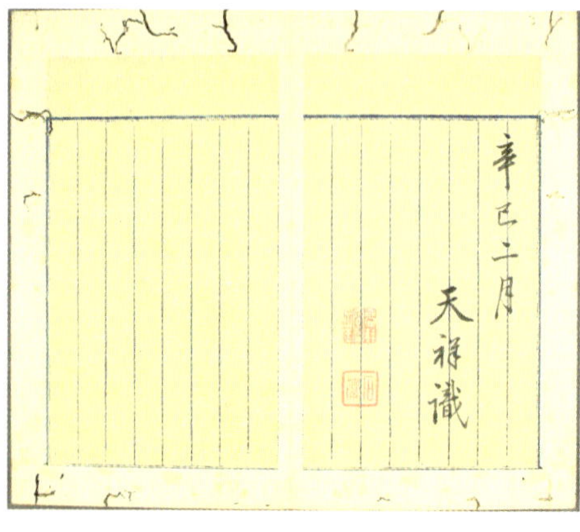

辛巳二月
天祥識

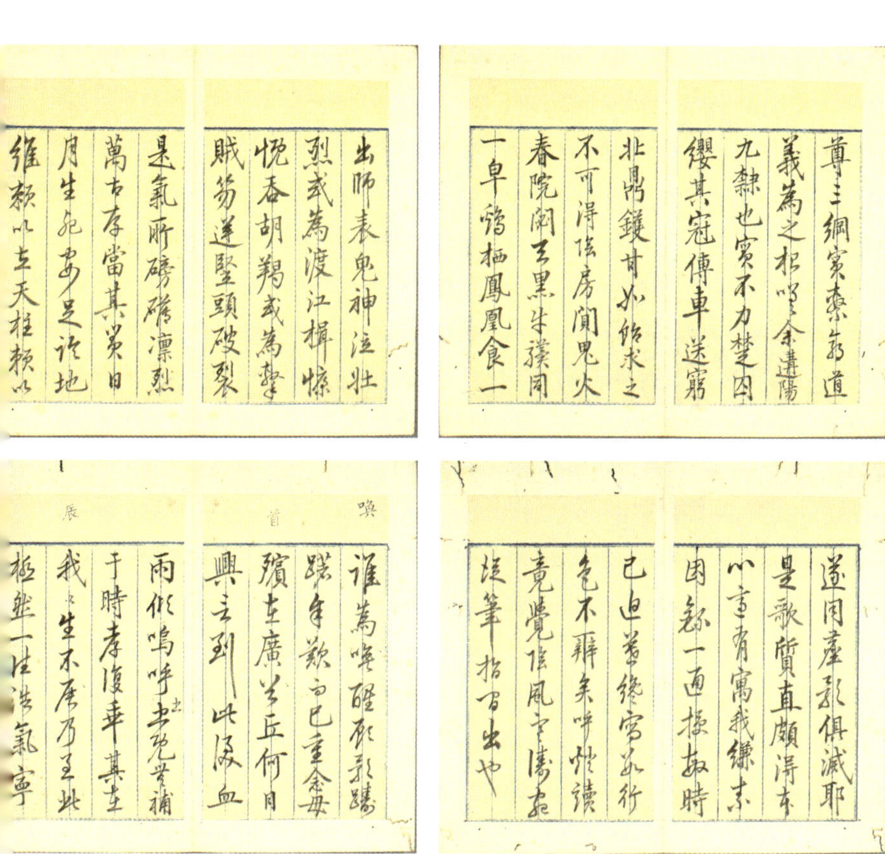

出師表鬼神泣壯烈或為渡江楫慷慨吞胡羯或為擊賊笏逆豎頭破裂是氣所磅礴凛烈萬古存當其貫日月生死安足論地維賴以立天柱賴以尊三綱實系命道義為之根嗟余遘陽九隸也實不力楚囚纓其冠傳車送窮北鼎鑊甘如飴求之不可得陰房闃鬼火春院閟天黑牛驥同一皂雞栖鳳凰食一

文天祥《正气歌》

《正气歌》是南宋诗人文天祥在狱中写的一首五言古诗。诗的开头即点出浩然正气存乎天地之间，至时穷之际，必然会显示出来。随后连用十二个典故，都是历史上有名的人物，他们的所作所为显示出浩然正气的力量。是文天祥的代表作。

清·叶衍兰 文天祥肖像

文天祥出生于1236年，吉州庐陵人，自幼饱读诗书，志向远大，20岁时高中状元走上仕途，先后担任节度判官、军器监兼权直学士院、江东制置使兼知平江府等职，后升任右丞相兼枢密使。

文天祥担任右丞相期间，南宋朝廷已是苟延残喘，丢失了大片国土，为了抗击元军，他亲自率兵反攻，受到了多方拥护。一次，文天祥抗敌归来路过家乡吉安，乡亲们闻讯赶来，给军队送去了一些钱粮。看到乡亲们如此尽己所能支持抗元斗争，文天祥十分感动，就在家中设宴款待众乡亲，还要亲自下厨为乡亲们做菜。

众人一听，很是惊奇，这堂堂的丞相竟要进厨房，还会烧菜？大伙由于好奇，纷纷跟着进了厨房，把门和窗都堵得严严实实的。只见文天祥十分娴熟地拿过一块猪里脊，用刀一下一下将其拍松软，力道大且均匀，然后切成一小块一小块的肉丁。肉处理好后，他又取来一棵冬笋，三下五除二熟练地去皮并切成与猪肉同等大小的菜丁。

如此刀工引得众人喝彩，大家不禁感叹，丞相真是上得战场，下得厨房。原料准备妥当后，文天祥将肉丁放在碗里，加入鸡蛋清、盐和淀粉，搅拌均匀，放入烧好的油锅中搅散，熟后盛出，又将冬笋放入翻炒，最后再将肉丁倒入，撒上香葱，淋上香油，如此，一道红绿相间、香味四溢的菜就做好了。

等菜摆上桌后，乡亲们迫不及待地拿起筷子品尝，边吃边连连称赞，回到家中后更是纷纷效仿这样的做法，由于当时文天祥并没有说此菜的名字，乡亲们就根据他的号“文山”，将冬笋肉丁叫“文山肉丁”。后来，“文山肉丁”便成为江西省吉安地区的一道传统名菜，其叫法和做法也一直流传至今。

宋朝的文人们讲究饮食，注重生活艺术，因此不管身居何职、处于什么样的境遇，也依然保持着独特的文化品位和个人情趣。

丹青化境为美食

明代时，相较于宫廷饮食生活的神秘和复杂，士绅阶层更为浅显和直露。明士大夫的饮食生活延续了北宋时期文人们的豪放，但更丰富多彩、形形色色，既有极度奢靡的宴会场景，又有“妓鞋行酒”的放浪形骸，也有对朴素淡雅的追求。

当时，饮食方面还出现了一个非常有趣的现象——以鹅为贵，无论是朝廷还是民间，无论是平民还是贵族，都无一例外地将鹅肉视为最美味、最尊贵的家禽肉类，士大夫阶层自然也不例外。

据明代沈榜所著的《宛署杂记》中记载，明代官宴分为“上、上中、中、下”四类，但只有办上席时才能有鹅肉；明朝官员海瑞曾制定过一份《督抚条约》，其中有一条规定招待官员，用鸡、鱼、猪肉即可，不能用鹅，以此表示清廉；太仓人王世贞的《瓢不瓢录》中记录了一段关于鹅的故事，说的是他的父亲在担任御史时，因按规定工作餐不能吃鹅，有人为了讨好，就将鹅掐头去尾，装上鸡头鸡尾，意图蒙混过关。

明人视鹅馔为尊，是一种风尚。时尚的兴起，看似一蹴而就，实际上却是历朝历代风俗爱好的加成，其中不能忽略的便是文人雅士的力量。鹅在家禽中以高颜值胜出，人们对鹅的喜爱古来有之，再加上文人诗文的宣传，如唐代的贺知章、柳宗元，宋代的苏轼、范仲淹等都曾对其作诗进行赞美，鹅的高贵和美好也就越加深入人心。而在鹅肉的推广上，尤其是在明代以鹅肉为贵的风气形成方面，画家倪瓒是不可忽略的一人。

明成化年间　景德镇珐琅瓷碗（祭器）

10.8厘米×15.6厘米×4.4厘米。此碗颜色明丽，制作工艺精美，应是古代贵族用餐时使用的。

饮膳正要（部分）

《饮膳正要》是元代忽思慧所撰的一部描写饮食和营养的专著。全书共三卷，卷一为诸般禁忌，聚珍品撰，卷二为诸般汤煎、食疗诸病及食物相克中毒等。卷三为米谷、兽品、禽品、鱼品、果菜品和料物等，前附三皇圣纪，并配有插图一百八十多幅。此为明景泰七年内府刊本。此书主张预防重于治疗，强调食补的功效，是我国现存最早的古代营养学专著，其所列食补诸方，制作简便，用料多为易得之品，且书中记录了不少蒙古族的食物名称，饮膳术语及卫生习惯，也增收了回回豆子、必思答等当时域外或少数民族习用的物品，为研究我国古代营养学及元代饮食卫生习惯提供了丰富的资料。

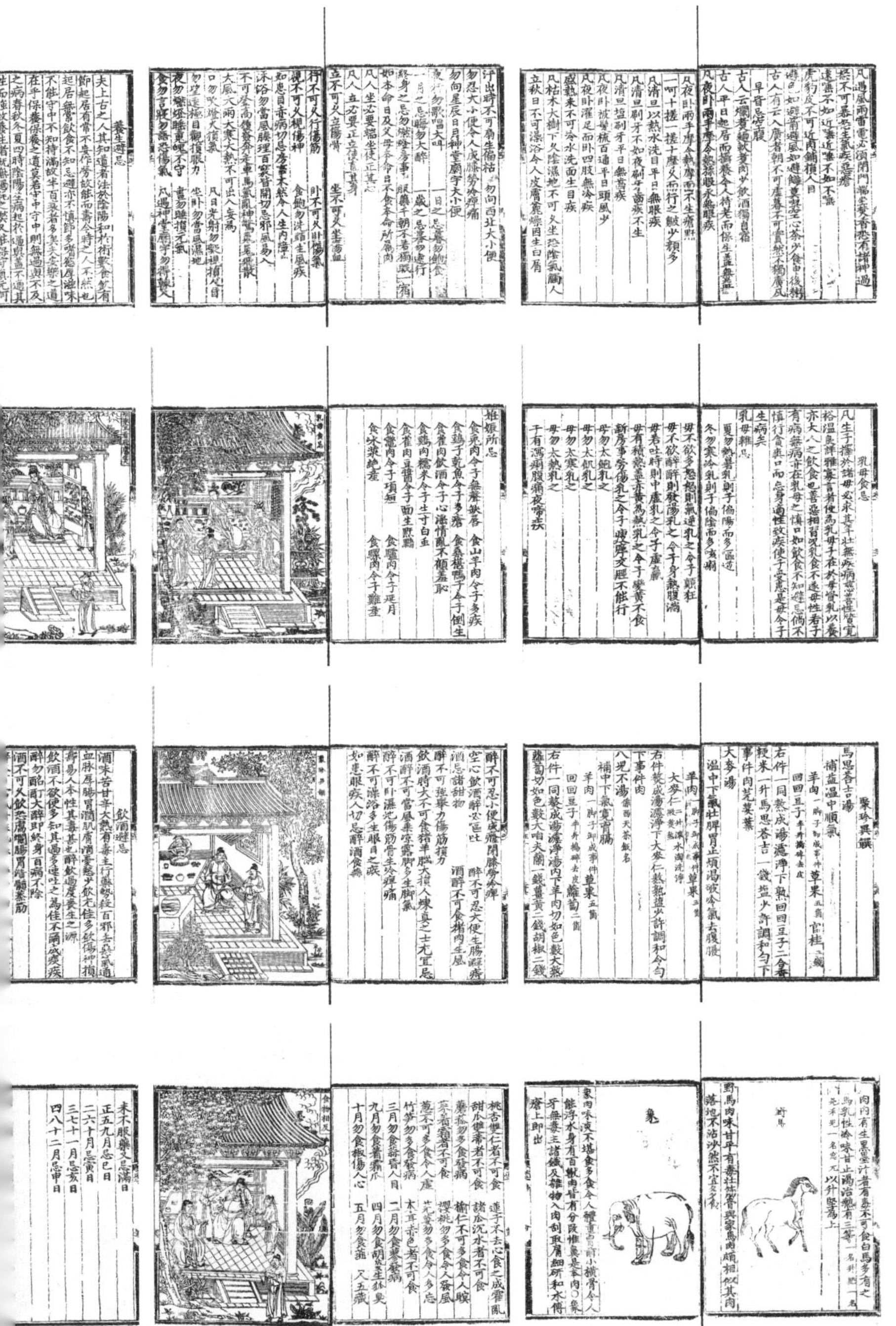

倪瓒不仅爱鹅，对鹅肉亦是钟爱有加，后来还成为一位擅长烹制鹅肉的“野生大厨”。

倪瓒，字元镇，号云林子，是元末明初的代表画家，与黄公望、王蒙、吴镇并称“元四家”。倪瓒祖父富甲一方，因而他自小家中富有，生活无忧，受家庭环境影响，醉心于诗文作画，洁身自好并无陋习。倪瓒在作画上很有心得，擅山水、竹石、枯木等，开创了折带皴的技法，对后世影响很深。

除了吟诗作画，倪瓒的另一个大爱好便是喜鹅，相传他有很严重的洁癖，因此独宠白鹅，将其视为白鹤一样高贵，常引用于诗中，作于画中。

1336年时，苏州狮子林初建，其主持者天如禅师邀请倪瓒为其设计构图。倪瓒经过实地勘察，精心构思后，设计出了一卷大气磅礴的寺庙园林图，一时间轰动了整个苏州城。当时，苏州一家酒楼的老板也听说了这件事，对倪瓒颇为仰慕，特意烹制了一尾桂鱼送给他品尝，而倪瓒本人清高孤傲，个性十足，不善阿谀奉承，他吃过后直言平淡无奇。酒楼老板听后，非但没有生气，还十分欣赏倪瓒的性格，又奉上一盆烧鹅。这次倪瓒吃后，连称妙哉，最后竟将一整只大鹅吃了个一干二净。

倪瓒回到家中后，对鹅肉的鲜美甚感兴趣，又因他本就对烹饪之事很有研究，就将酒楼老板的制鹅方法进行了改良创新，多次实践，后收录在自己所著的《云林堂饮食制度集》中。倪瓒的这本食谱，共记录了五十多种饮食的烹饪之法，包括不少菜品，如蜜酿蝤蛑、雪菜、青虾卷等，其中以“烧鹅”最为著名，深受后世推崇。

第三节　平民舌尖上的美食

古代，民间的饮食类别和礼仪虽没有宫廷贵族那般精致繁多，但也有着专属于自身的魅力，它一方面展现了底层百姓的生活概貌，另一方面也体现了他们用心生活的态度，是中国饮食文化中不可或缺的一个篇章。

米皮的诞生

秦始皇在位时期，有一年陕西关中一带大旱，但当地还是要依照惯例向朝廷上供新收的优质粳米，农民们每天到田里挖井浇地，可最终收上来的庄稼尽是稗秕，质量太差，这下可把老百姓们难倒了，一个个愁容满面的，只等着朝廷的降罪了。

当时，有一个叫李十二的农民，向来很会研究“吃”，脑袋也灵光。他思来想去，有了一个好办法，就把大伙召集了起来说道：“咱们可以把去年剩的陈米交上去。”大伙一听，瞬间泄了气：“这算什么好办法啊，陈米一样质量不过关。”李十二听了乡亲们的抱怨也不急着辩解，不慌不忙地说道：“当然不是直接交了，你们按照我说的做，保管万事大吉。”

秦始皇帝

秦始皇帝像

选自《三才图会》。秦始皇，嬴姓赵氏，名政。后世俗称嬴政或秦王政，自称「始皇帝」。

百姓们一想也没有其他的好办法，只好试一试了。得到大家的支持后，李十二先让他们把粳米浸泡过夜，然后用石磨磨成浆液用器皿装起来静置，沉淀之后将米浆过滤，放在笼屉上蒸熟。当笼屉一打开，李十二将蒸好的成品拿出来时，大伙都惊呆了，那一层薄薄的东西看起来晶莹剔透的，吃起来更是爽滑嫩弹，十分可口。李十二告诉大伙这叫“米皮”，随后将其切成粗细均匀的条状，放入盐、醋、糖等调料拌匀，这样再一吃，味道更好了，众人赞不绝口。

后来，米皮上供给了朝廷，秦始皇吃后，觉得很是美味，遂龙心大悦，将陕西米皮特定为皇家贡品。

『叔嫂传珍』的血泪史

宋朝是一个饮食大爆发的时代，由于各种外来食材的汇入，从宫廷贵族士大夫阶层，到平民的饮食较前代而言都有了很大的改变，不仅品种多样，而且注重营养，合理搭配，结构更加复杂。

从主食来看，宋代平民不仅有五谷所蒸的饭和粥，还有多种多样的面食，如面条、馒头、饺子等，《水浒传》中武大郎所卖的“炊饼”其实就是馒头。其中，饭、粥、面条的样式及种类也

宋·马远　华灯侍宴图

此图有款，乃清高宗购于乾隆癸卯（1738）年。较之另幅无款《华灯侍宴图》，画面上建筑物较大，屋顶也多了一层，远山有所增添，部分山顶以汁绿加上苔点，并增加了一片松林和三座显眼的屋脊。此图反映了宋代宴饮的场面。

较之前大有不同，饭有金饭、玉井饭、蓬饭等，是以稻、麦为主料，加以水果、蔬菜或肉类，口感和营养价值更佳；粥有七宝粥、糖粥、糕粥等，在五谷之外又加入了很多辅料；面条作为非常重要的主食之一，在宋代得到了充分发展，有近百种之多，制作方法各异，口味也是各具特色。

从副食来看，肉禽、水产、蔬菜越来越频繁地出现在平民百姓的家中，其中水产类在其菜品中占据重要地位，尤其是在南方及沿海地区，再加上北宋时期已经出现铁锅和植物油，人们掌握了“炒”的烹饪技术，鱼类菜肴在南方苏杭地区迅速兴起。杭州一道极负盛名的佳肴——西湖醋鱼，据记载正是在宋朝被创造出来的，其背后还有一段悲伤曲折的故事。

南宋高宗时，杭州西湖边上生活着一户姓宋的人家，家中父母早亡，只有兄弟二人。宋氏兄弟很有学问，但看透了朝廷的腐败，不愿走上仕途，就在湖边以打鱼为生。后来，哥哥成了家，其娘子人称宋嫂，宋嫂不仅人长得标致，还做得一手好菜，其中以鱼馔最拿手。

一天，宋嫂在集市卖鱼时，碰到了当地的恶霸赵大官人。这位赵官人不仅欺压良善，还十分好色，他见宋嫂年轻貌美，心起歹意，欲将其霸占。当他得知宋嫂已嫁为人妻后，并没有善罢甘休，而是设计害死了宋大哥。宋嫂和小叔子悲痛欲绝，拿着一纸诉状到衙门喊冤，可那官府与这恶霸分明是一个鼻孔出气，不问事实，直接以“诬告”的罪名将小叔子打了一顿，并把他们赶了出来。

回到家后，宋嫂自知告状无门，那恶霸必定不会善罢甘休，这样下去极有可能连累了小叔子，唯有让小叔子远离这是非之地。

南宋·刘松年　撵茶图

宋人的茶艺可谓到了炉火纯青的地步。宋代点茶法兴盛，一方面是经济繁荣、文化昌盛的结果；另一方面也和文人士大夫娴雅细致的生活品位有关。此图完整细致地描绘了宋代点茶的过程。画面分为两个部分，左侧有两人，一人正在转动石磨磨茶，神态专注，动作娴熟，另一人伫立在案边，右手提汤准备点茶；右侧共三人，一僧人伏案执笔，一羽客相对而坐静静观览，另一儒士端坐其旁。整个画面布局娴雅，充分展示了宋代文人雅士有关茶文化的高洁志趣。

告别之际，宋嫂特地为小叔子烹制了一道自己擅长的鱼馔，用糖和醋烧制了一盘鲩鱼，并说道："此次离别不知道何时才能再见，这道菜有酸有甜，希望你有出人头地之日，牢记今日辛酸。"小叔子听后，甚是感动，忍泪吃完，逃亡他乡。

当时，宋朝正值金人来犯，多地都在招兵买马，宋弟应征入伍，后来在抗金战斗时立了大功，荣归故里。宋弟回到故乡，为兄长报了仇，但一直没有寻到嫂嫂的下落。一次，宋弟偶然间进了一家菜馆，吃到一盘鱼羹时，突然产生了一种似曾相识的感觉，于是叫来老板询问，才知此菜正是出自嫂嫂之手，自他走后，宋嫂隐姓埋名，一直在这里做厨师。叔嫂团圆后，宋嫂由于喜欢烹饪，仍继续留在酒楼没有离去。

高宗赵构到西湖游玩时，也曾尝过宋嫂所做的鱼羹，对其赞美不已，宋嫂名声大振。后来，有人吃了西湖醋鱼之后，诗兴大发，在菜馆墙壁上写了一首诗："裙屐联翩买醉来，绿阳影里上楼台。门前多少游湖艇，半自三潭印月回。何必归寻张翰鲈，鱼美风味说西湖。亏君有此调和手，识得当年宋嫂无。"西湖醋鱼与宋嫂鱼羹两种名菜，流传至今。

满载民意的『酱烤猪头』

明朝初建时，由于连年征战，百废待兴，明太祖朱元璋以身作则，力行节俭，在饮食上也是如此，这种风气一直持续到明宪宗成化年间。

一般来说，古代封建帝制社会中，饮食往往是向上层看齐的，因此明代的民间饮食，也经历了由尚简到逐奢的过程。

初期，平民一方面受上流社会的影响崇尚节俭，一方面也没有多余的钱财用于吃食。到了中后期，商业初具规模，经济发展迅速，老百姓的生活水平和消费水平提高，饮食方面也有了一定改善，尤其是城镇居民及富贵人家，据记载明“一线城市”的百姓饮食，包括了糟鱼、腊肉、风鸡、酸笋等各种食物，有些家庭办宴席时，还会出现珍奇果品，甚至还有斑鸠、马奶；普通人家或农村居民则要相对简朴，平常喝喝粥，吃点白菜萝卜和水产，偶尔也能拿出一些钱买点肉食或者杀只家畜打打牙祭。

对于普通居民来说，他们最喜闻乐见的肉食便是猪肉，一是因为猪好养，二是猪肉相对便宜。所以，明代民间有不少关于猪肉的美食，其中有一道叫“酱烤猪头”，还与明代抗倭名将戚继光有关。

明朝嘉靖年间，倭寇屡屡进犯乐清、瑞安、临海等地，东南沿海地区深受其扰，百姓苦不堪言，这些地方的大小官员纷纷上书，希望朝廷能够派兵歼灭贼寇。戚继光受张居正的推荐，进署都指挥佥事一职，防御山东沿海的倭寇，后又主动请缨，到江浙赴任。

戚继光到沿海地区勘察敌情后，深知自己虽带领了一支强壮的部队，但要彻底剿灭倭寇，还是远远不能的，唯一的办法就是联合当地的官兵百姓。

一次，他到宁波奉化、江口等地视察后，向百姓们宣讲了共同抗敌的想法，得到了百姓们的拥护。之后，奉化民众迅速组织起了一支抗倭义勇军，人数多达万余，其他地方见状也纷纷效仿，不多时日，各地都组建起了抗倭队伍。民众们自发聚集在一起训练，兵器不够，就拿着自家的柴刀、斧头，誓与戚家军并肩作战。

不久后，倭寇再度来袭，戚继光亲自率领兵将，在奉化大桥、溪口安营扎寨，摆出与之决战的姿态。当时，大批海盗从镇海、慈溪上岸偷袭奉化，戚家军和民兵队伍奋起反抗，咬紧牙关，拼尽全力，最终倭寇战败，仓皇而逃。

为了庆祝胜利，奉化的百姓们举办了一场盛大的宴会，敲锣打鼓，载歌载舞，热闹了大半天。他们还杀了猪，蒸了馍，挑了许多粮食和衣物去慰问军队，戚继光看到老百姓对戚家军如此支持，心里一阵感动，但这些东西是万万不能够收的，他高声劝慰道："乡亲们，你们的心意，我和众位将士心领了，这里常年遭受倭寇抢掠，你们的日子不好过，这些东西还不都是你们省吃俭用省下的，我们不能收，你们还是拿回去吧。"

可老百姓也很执拗，表示戚家军不收他们就不走，最终双方各退了一步，戚家军只将面饼留了下来。百姓们其实还没有死心，回来后还商量着怎么才能让军队将肉食留下。这时候，有个厨师说道，既然戚家军只收面饼，我们不妨把肉、菜也做成饼的样子。众人一听，觉得这主意不错，马上就按照那厨师的吩咐开干了，他们将猪头肉剁碎和冰糖、咸光饼混在一起，放进锅中熬制，肉熟后拿出冷却，压成面饼的样子刷上酱，放在火上烤。

随后，百姓将烤得焦脆的面饼再次送往了戚家军的营地。戚家军以为是普通的面饼，就收下了，结果一尝觉得味道跟之前很不同，后来戚继光几经打听，才弄明白其中的缘由，更加感怀百姓们的用心良苦，感慨之余立下誓言：百姓爱兵，犹如爱子。倭寇不除，誓不回朝！"酱烤猪头"这道可做主食也可做菜肴的小吃，也由此名传四方，成为一道不可或缺的民间美食。

《食品集》（部分）

明末吴禄辑的《食品集》是食疗食品专著。成书于明嘉靖十六年（1537）。收载食物三百五十种，分为谷、果、菜、兽、禽、虫鱼、水七部。每种食物分别介绍其性味、有毒无毒、服食利弊、功能主治、单验方等内容，还记载烹制方法、名医论述、食品别名等。上集记有谷部三十七种、果部五十八种、菜部九十五种、兽部三十三种；下集记有禽部三十三种、虫鱼部六十一种、水部三十三种，以及附录五味所补、五味所伤、五味所走、五脏所禁、五脏所忌、五脏所宜，五谷以养五脏，五果以助五脏，五畜以益五脏，五菜以充五脏，食物相反，服食忌食，妊娠忌食，诸禽毒、诸兽毒、诸鸟毒、诸鱼毒、诸果毒，解诸毒等。书中正文部分计收动植物原料三百五十种。每种原料都介绍其性味及疗效。如『白豆』：『味甘平无毒。主调中，暖胃，助经脉。肾病宜食。』再如『松子』：『味甘温无毒。治诸风头眩，散水气，润五脏，延年不饥。香美。多食发热毒。』附录部分主要谈饮食宜忌及解毒法。如『食物相反』中说『小豆不可与鲤鱼同食』『大豆不可与猪肉同食』等。『解诸毒』中说『河豚毒以芦苇、扁豆汁解之』，『鳖毒以黄蓍、吴盐煎汤服解之』等。

刻食品集叙
人須飲食以生但物之性
味有之損益鮮能知之
予撰[illegible]養遇時當以是
集見饑寒渴甘苦補理

人人乃刻於亦藝堂中
嘉靖丙辰夏季
勑巡撫遼東地方兼贊
理軍務都察院右副都
御史固安寧菴蘇志皋
治明書

食品集序
夫攝生凝谷假衛養飧頰液暢元衍茲水
火凡氏有生離則離是然釜鋼遵度則榮
衛斯諧咽嗌繇常則經髓罔鰓是微如七
箸而二氣之尤伏匪輕不越俎樽而百體
之安危攸重職此以往可不慎歟粤若稽
古周官之典列以食醫屬諸冢宰順時眡
饔掌皇王之饌惟慶立愛敷仁訓君子之
食宜放姬公作令寧無慮哉蓋順貞於豫

菉豆 匾豆 豇豆 青小豆
薏米 大麥 小麥 蕎麥
芝麻 餳 蜂蜜 酒 醋
醬 塩豉 茶
果部
蓮子 鷄頭 芡實 桃實
梨 柿 梅實 李子
柰子 石榴 林檎 杏實
柑子 橘子 橙子 栗

棗 櫻桃 葡萄 松子
榛子 檳榔 黃精 木瓜
山査 落花生 椰子 櫧子
覆盆子 豆蔻 菴羅果 梧桐子
茱萸 皂莢子 榅桲 金櫻子
楮實 獼猴桃 羊桃 羊棗
桑椹 無花果 柚 荔枝

甘蔗 甜瓜 西瓜 平波
香圓 枇杷
菜部
葵菜 蔓菁 王瓜 茭白
竹筍 蒲筍 莧菜 芫荽
同蒿 水芹 冬瓜 瓠
菜瓜 葫蘆 蘑菰 菌子
木耳 芥菜 葱 蒜
韭 薤 山藥 芋

馬齒莧 茄子 蘿蔔 胡蘿蔔
蓴菜 萵苣 白菜 芸薹菜
菘菜 甘露子 蕨菜 紫蘇
薄荷 生薑 乾薑 縮砂
川椒 菠薐菜 苦蕒 莙薘
薺菜 紫莧 百合 枸杞
羊蹄菜 決明菜 芎苗 蔾菜
紫菜 鹿角菜 石耳 假蘇
香薷 黃瓜 絲瓜 金鷄瓜

鱅魚 鯇魚 鯮魚 嘉魚 章舉魚
黃顙魚 鮰魚 邵陽魚 鮹魚 鱸魚
鱟魚
水部
井水 千里水 秋露水 臘雪水
乳穴水 寒泉水 夏冰 溫泉水
漿水 熱湯 繁露水 梅雨水
半天河水 冬霜水 雹水
方諸水 花水 糧甖水 甑氣水

生熟湯 屋漏水 猪槽水 溺穴水
塩膽水 塚井水 洗碗水 鮮青水
陰地流泉水 鹵水 地漿水
清明水 炊湯水 甘露水

食品集
明吳江縣醫學候缺訓科吳禄子學輯
穀部
糯米味苦甘氣溫無毒主溫中令人多熱
大便堅不可多食可釀酒稻稈治黃病通
身煮汁服
粳米味苦甘氣平微寒無毒主益氣止煩
止洩和五臟益胃氣長肌肉與熟鷄豆相
合作粥食之益精強志耳目聰明香粳尤

上头的陈麻婆豆腐

清代，是饮食集大成的朝代。当时，各类食物食材已经相当完备，蔬菜、肉类、瓜果等与当下并没有什么差别，除了一些新传入的食物如洋葱、洋白菜、生菜、草莓等以及受到限制的食材如牛肉等，平民的餐桌上亦是应有尽有，其中，不得不提到的一种食材就是豆腐，它在清代菜肴中占有非常重要的地位，也拉近了宫廷饮食和民间饮食的距离。

豆腐是中国本土食物，其诞生距今已有两千年的历史。公元前 164 年，淮南王刘安在炼丹药时，不小心将石膏点到了豆汁里，豆汁逐渐凝结成块，豆腐就这样产生了。不过，那时的豆腐制作工艺尚且粗糙，凝固性和口感差，并不受大众喜欢，这种情况一直持续到五代。到了宋朝时，豆腐制作越发精细，口感润滑，逐渐进入烹调主流在各地普及，成为人们饭桌上的常客，后来还传到了日本、朝鲜等国。至清，豆腐已经成为人们饮食生活中无法割舍的一部分，上至皇家贵族、公卿将臣，下至平民百姓、贩夫走卒，豆腐服务于每一阶层。

不同于宫廷贵胄的精益求精，豆腐在民间呈现出来的是民族和地域的差异性，如南方是石膏点制的嫩豆腐，北方则是盐卤点制的老豆腐；土家族吃的是柴草烟上熏烤的猪血豆腐，朝鲜族爱吃各种炖豆腐菜……

清朝同治年间，四川成都的豆腐也极富地方特色，而其中的代表莫过于“陈麻婆豆腐”。

同治元年，成都北门外府河边上来了一对夫妇，丈夫名为陈春富，其妻有人说是陈刘氏，也有人说是一叫温巧巧的美妇人。夫妻两人在河上的万福桥边开了一家小饭店，取名为“陈兴盛饭铺”，由于小本经营，他们没有雇人，一人主外打点，一人主内烹饪。

当年，万福桥还是一座相当宽的木质桥，两旁是高高的栏杆，中间有一两个供抓鱼的亭子，桥面上常有挑油担肉、推车抬轿的苦力之人歇脚，他们也因此常常光临陈兴盛饭铺。这些人并不是像常人那样进店点菜，而是买点豆腐，割些肉，再舀些油，提溜到饭店，让老板娘给加工。

陈氏为人真诚，善解人意，知道脚夫们赚钱不易，也就变着法地给他们做，时间一长，陈氏对豆腐烹饪就有了独特的技巧和

清代　紫檀百宝嵌封神故事图食盒

高23.2厘米，此件提食盒之盒身设计分成四层屉格，可分层置放不同的食物，但从它吹弹欲破的表面看来，作为观赏陈设用的艺术品，可能性要大于真正实用的器物。雕工十分之精细，主体的部分用镂空精雕的象牙片，嵌置于框格中，背景就像是丝毯一般的直线地子，线与线之间微细到只能用巧夺天工来形容，其上还雕饰有人物、鸟、兽、庭院景物和船，像是十八世纪欧洲人幻想的东方乐园。盖钮，盒身框架及提手，都染有淡蓝或红色来点缀。

清代　食盒

用来盛放饭菜，方便外出携带。食盒设计精巧，食盒的层数越多可装饭菜越多，最后一层上面有盒盖，盖起后既能使食物的卫生得到保障，又可以保温，可谓是非常实用的食具。

心得。一次，她想到脚夫们口重，又需要出大力气，于是就故意将调料放多了一些，为了更入味，她将猪肉切成薄片，豆腐切成小块，加上辣椒粉、花椒粉、麻辣油，烧成了一道又麻又辣的菜，结果脚夫们一吃，大呼过瘾，让陈氏以后就这么做。

后来，陈春福不幸去世，小店就由陈氏独自经营。随着陈氏烧菜的好手艺不胫而走，饭店的生意也越发红火了起来，来吃饭的客人各色各样，其中不乏文人骚客，有诗写道："麻婆陈氏尚传名，豆腐烘来味最精。万福桥边帘影动，合沽春酒醉先生。"

至于为什么叫陈麻婆，有两种说法。一是，有一次，陈氏接待了几位客人，当她将做好的豆腐端上来时，这几人见她面部有几颗麻痕，便调侃道莫非是陈麻婆豆腐？后来这说法广为流传。二是，《川菜江湖百年传奇》一书的作者曾说，陈刘氏脸上没有麻子，陈春福倒有绰号陈麻子，因为丈夫的关系，所以叫陈麻婆。

再之后，陈刘氏请了一位厨师，这位厨师将陈麻婆豆腐稍微做了调整，将猪肉改成了牛肉臊子，还加入了豆瓣酱，提出了8字诀：麻、辣、鲜、香、酥、嫩、烫、浑，这便是如今"麻婆豆腐"做法的基础。

叁 膳食达人

第一节 皇家贵族中的饕餮

如果说宫廷饮食文化层是中国饮食史上的最高文化层次，那么皇帝的饮食就是这个最高文化层次的中心，食物的变化无穷和精美华丽在历朝历代皇帝的嘴巴里得到了集中的体现。

无鱼不欢的秦始皇

有一个关于秦朝饮食的笑话——

现代人终于知道秦始皇为什么想长生不老了。

因为如果一个人从现在穿越到秦朝吃饭，估计要失望透顶了，来点西红柿打卤面吧，没有；炒个地三鲜吧，没有；吃些苹果、石榴吧，也没有……想想看，秦始皇这个皇帝中的皇帝能忍受得了这样憋屈地死去吗?

笑话总归是笑话，不过单就饮食方面而言，作为千古一帝的秦始皇餐桌上确实乏善可陈。但帝王毕竟是帝王，即使食材少，烹饪技法不够多和精，也得让他的御厨在有限的条件下变换着各种花样来烹饪。

嬴政登基称帝后，就有条件去做一个地地道道的吃货了，尽管物产不够丰富，他依然下旨让全国各地每年将当地好吃的东西上贡，只要是美食，不管是出自御厨之手的精美菜肴，还是来自民间的小吃，他都喜欢。

秦朝时可食用肉的种类并不少，狗、鸡、鸭、鱼、猪、羊、鹿等基本的都有。但始皇帝唯独对鱼肉十分钟爱，无鱼不欢，每日每餐必须有鱼馔。

但喜欢是一回事，帝王也不会像普通人一样饕餮，始皇帝对吃鱼极其讲究，不光是讲究味道，还讲究各种说法：比如用鱼炖汤，就是诅咒他下油锅；将鱼切段，就是将他碎尸万段；倘若让鱼刺扎到，那就更不得了，因为“鱼刺”就是“遇刺”的谐音。正是因为如此，宫里的御厨们一到做鱼时就如临大敌，个个胆战心惊的。

有一次，秦始皇吃鱼时被一根细细的鱼刺扎到了喉咙，他大发雷霆，立刻命人将那天负责御膳的主厨给杀了。事情一出，御膳房的一群人就更害怕了。第二天，恰好轮到一个新调来的厨师掌勺，做鱼时他又紧张又愤懑，就把心中的怨气发泄在了鱼身上，用刀背狠狠地敲打着案板上的鱼，敲着敲着一些鱼肉片掉了下来，他又用刀剁这些鱼片，随着鱼肉成泥状，鱼刺很容易就从中分离了出来，正在这时，上菜的旨意下来了，这位御厨一下子慌了神，看着被自己剁得稀巴烂的鱼肉，不知如何收场。

“大不了一死”，这样想着，他便在鱼肉上撒了一些调料，随手揉成一个个小球球扔进了即将烧开的水中。鱼丸一被扔进去，

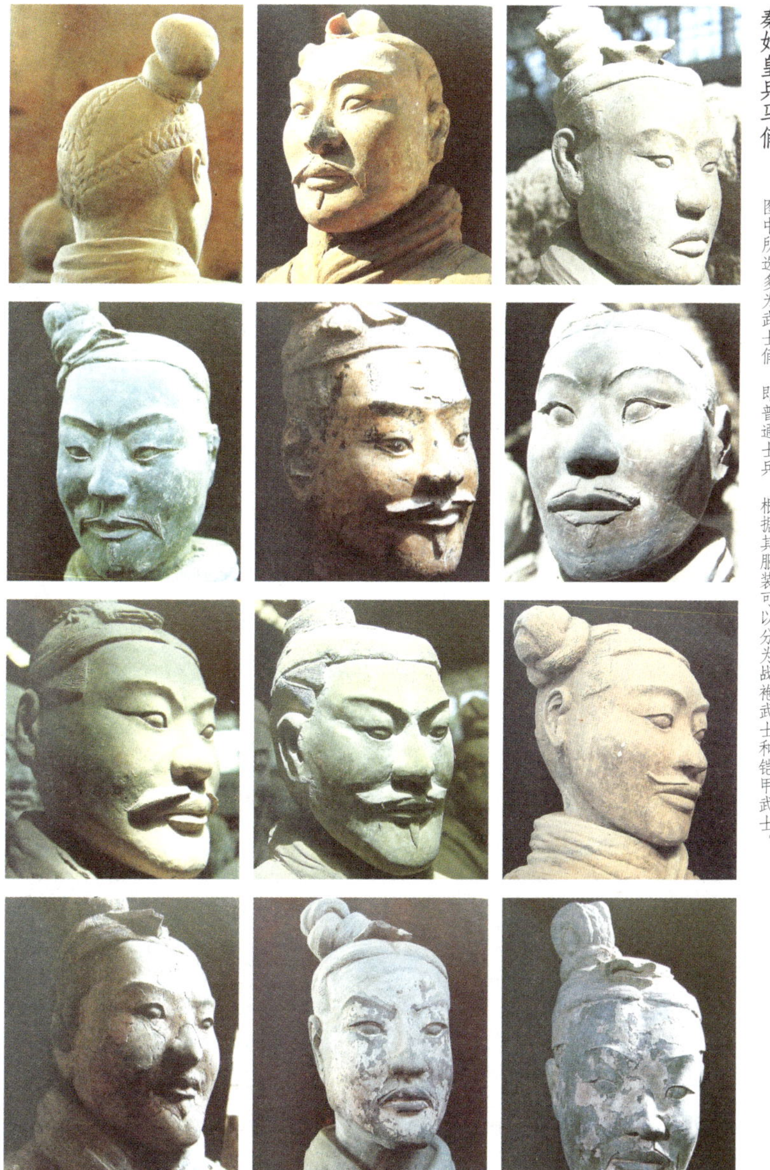

秦始皇兵马俑

图中所选多为武士俑，即普通士兵，根据其服装可以分为战袍武士和铠甲武士。

就浮在了水面上，不一会就熟了，御厨赶快盛了一小碗，又加上些辅料，就让传菜的侍从端走了，自己则在厨房不安地等待着死神的降临。

不一会儿，皇上的口谕来了，让他去面圣。御厨心想定是出问题了，哭丧着脸准备接受惩罚。他到了之后，却发现皇上脸上很愉悦的样子，便放松了几分。

“这菜叫什么？跟我之前吃的鱼味道都不同。”秦始皇问道。

御厨本想回答“鱼丸”，转念想到“丸”与“完”同音，说不准会被降罪，就说叫鱼圆。

秦始皇一听非常满意，不仅味道好，名字也吉祥，将其列到了自己的美食菜谱中，之后常常点来吃，对鱼肉的喜爱也更胜从前了。后来，鱼丸便从千古一帝的食谱上传到了民间。

美食控曹操

东汉末年，诸侯征战，烽火连天，人们的饮食因战乱呈现出极大的不稳定性，军队也是如此。相传粮食匮乏时，袁术的军队曾以桑葚、枣子为主食，甚至于吃人肉充饥，更有军阀因无粮而被迫罢战。

但是，作为一代枭雄的曹操，虽然也曾经饱受缺粮之苦，却也凭借着自己对美食的非凡嗅觉，在连年征战中创造出了不少美食，他和美食之间的故事更是被后人津津乐道。

曹操对饮食颇有研究，在行军打仗时还经常亲自到厨房烹制菜肴，用以款待和鼓舞将领们。有说法称，曹府门客众多，除了因曹操爱惜人才外，也与他烧得一手好菜有关。此外，曹操还将自己日常发现以及创造出来的菜肴记录在案，编写了一本美食著

曹操仓亭破袁绍

官渡之战后，袁绍再次集结人马和曹操在仓亭大战。袁绍吸取了上次失败的教训，曹操打得艰难，但因为有谋士献策十面埋伏，最后设伏取胜。

曹操乌巢烧粮草

许攸投曹，为曹操带去了袁绍军队的粮仓所在地乌巢守卫空虚的消息，曹操立刻亲自领兵，火烧乌巢。

捉放曹

曹操刺杀董卓未遂，改装逃走，至中牟县被陈宫所擒。后曹操用言语打动陈宫，使陈弃官与他一同逃走。行至成皋，曹操误以为吕伯奢欲加害，便杀死吕氏全家，焚庄逃走。陈宫见曹操心毒手狠，趁曹操熟睡时欲刺杀他，后放弃独自离去。

作《魏武四时食制》。

《魏武四时食制》主要记述了各地的水产种类和特点以及烹饪方式，其中仅鱼的种类和制法就有14种之多。而在民间传说中，与曹操相关的菜肴更是达四十余种，包括貂蝉拜月、曹操鸡、华佗圆子、驼蹄羹等，其中一些在《魏武四时食制》中也有所记载，比如驼蹄羹、官渡泥鳅。

公元200年，曹操军与袁绍军相持于官渡，形势十分紧张。一天，曹操听见帐外一阵骚动，便走出去一看究竟。原来有几个士兵偷偷跑出去从河里捉了几只泥鳅，在用荷叶包着烤时被人逮了个正着，正要送去依军法处置。

曹操见状先让大家安静下来，接着问道："你们为什么要去捉泥鳅呢？"一个士兵回答："一老乡身体不适，军中食物缺乏又没什么营养，只好捉些泥鳅给他吃。"曹操有些不解："泥鳅这么腥，没人能受得了，怎么可能补身体呢？"士兵答："泥鳅用泥巴糊起来烧熟后很好吃，斗胆请将军品尝。"曹操小心翼翼地咬了一小口，发现那泥鳅不仅不腥，味道还很鲜美，当时正值军中粮食短缺之时，曹操正在为此事发愁，吃了这泥鳅后，茅塞顿开，下令三军挖泥鳅吃，以此渡过粮食危机。

后来，曹操回到许昌后，又想起了帮助军队渡过难关的泥鳅，就让厨师将"火烤泥鳅"改良，做了一道新的泥鳅菜：把泥鳅放在清水里一两天，让它吐出污泥，之后放到高汤里一两天，让它再喝一肚子高汤，然后过油，用火煨，取名"官渡泥鳅"。

除了发现美食，曹操也会亲自操刀制作美食。曹操在官渡之战获胜后，兴致盎然地来到厨房，问还有什么食材，厨子告诉他

曹操

选自《无款清末京剧一百人物像册》 绢本 26.4厘米 ×21厘米。

还有一些竹节虾和鸡蛋。曹操听后哈哈一笑，将袖子撸上去，说要亲自下厨，他把竹节虾洗净，裹上面粉，放进热油中炸熟，围着盘子摆了一圈，又将面粉和鸡蛋煎成心形放在中间，美其名曰“天下归心”，“虾”即是“下”。

作为三国中最富争议的人物，曹操无疑是复杂的，拥有很多不同的面孔，比如生性多疑、奸诈狡猾，比如爱才惜才、率性豪放，比如文韬武略、博古通今……有人说他是奸臣，也有人说他是枭雄，但不可否认的是，他的确是一位出色的军事家、政治家，且除了行军打仗，醉心于天下大事外，他还是一位喜欢作诗的文人，更是一个懂得享受生活的美食控。

日食烤鸭一只

明朝的开国皇帝太祖朱元璋与“鸭子”之间可谓有不解之缘，因为爱吃鸭子、会吃鸭子，他也因此被称为烤鸭行业的祖师爷。

1328 年，朱元璋出生于一个贫苦农民家庭中，为了生存，他做过放牛郎，讨过饭，也当过和尚，直到在 25 岁时投奔了郭子仪的起义军后，命运才发生了转折。

朱元璋年少时曾给地主家放牛，一次，他和另外几个一起放牛的小伙伴不知从哪弄到了一只野鸭子，饥肠辘辘的几人打算将这只鸭子吃掉，可是他们既没有锅碗，也没有调料。正在大家发愁怎么吃时，朱元璋已经挖好了坑，架起了树枝：“烤着吃呗，多简单。”

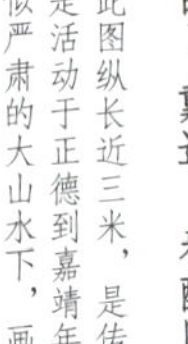

明·戴进　春酣图

此图纵长近三米，是传世戴进作品当中，尺幅最大的一件立轴。但是从叙事性、构图或是笔墨特征来判断，此画可能不是戴进的真迹，而应该是活动于正德到嘉靖年间之浙派画家郑文林。图中描绘春日祭祀村民醉酒而归之景。画中主山一分为二，高耸入云，在此主山堂堂气势磅礴看似严肃的大山水下，画家以松树和蜿蜒的山径切割成的各个小画面空间中展现出一组组人间戏剧，彼此之间眼神与动作，互动频繁多样，有一种俚俗的市井情趣。

儿人围坐在火堆旁等着，不一会儿鸭子的香味就出来了，肉一熟，他们瞬间就吃了个精光，对于几个很久没有吃过饱饭的孩子来说，这简直就是天底下最好吃的食物了，简易制作的鸭肉也成了朱元璋记忆中难以忘怀的美味。

明朝成立后，全国上下一片萧瑟，太祖尚节俭，日常饮食也以素菜为主，但由于对于鸭肉始终无法割舍，偶尔会让御厨烹制几道相关的菜肴解解馋。国家状况好了一些后，太祖便经常让御厨以鸭肉做菜，当时明宫御厨取用的是南京肥厚多肉的湖鸭，刚吃时会觉得肥美鲜嫩，但吃多了不免油腻。为了满足皇上的需求，御厨们经过思索商量后，开创了一种新的吃法——先将鸭子用炭火烘烤，之后或直接食用，或入菜。

烤制后的鸭子，油脂变薄、皮变脆，入口酥香，肥而不腻，朱元璋食用后非常满意，也找回了记忆中的味道，将其命名为“烤鸭”，此后更是每天必吃。此外，他还会派人到民间去搜寻关于鸭肉的美食，或让人从宫外带进来。

明朝成立十几年后，大约 1381 年，元朝残余势力攻击大明北部，朝会之上，众大臣为如何攻打元军而争论不休，太子朱标认为擒贼先擒王，将蒙古太尉朵儿不花解决掉，元军自然溃不成军。这一提议获得了朱元璋的认可，随后他让太子领兵，任命徐达为大将军与汤和、傅友德兵分三路围攻朵儿不花。

太子启程时，朱元璋一路将其送至徐州，分别回到南京后，在一个小镇上，腹中饥饿的太祖闻到一股鸭肉的香味，随即进了路旁的一家小店。这是一家烤鸭店，所制烤鸭远近闻名，朱元璋早已垂涎三尺，赶紧让店主上了两只，随后风卷残云一般，几乎全吃了进去，解了几日没有吃得鸭肉的馋瘾。

后来，明成祖朱棣继位，随着他迁都，明宫的烤鸭技术也被带到了北京，并在民间广为流传，称作“金陵片皮鸭”，被认为是“北京烤鸭”的前身。

实际上，烤食鸭子的做法在我国由来已久，南北朝时期的《食珍录》中就有“炙鸭”的做法；元代《饮膳正要》中有烧鸭一说；唐代《朝野佥载》记载了烤活鸭；宋代《东京梦华录》《武林旧事》《宋氏养生部》中都有“爊鸭”“炙鹅鸭”的记载。不过，直到明代时，烤鸭的做法才成系统和规模，并传扬开来，而明朝烤鸭之流行，明太祖更是对此有着不可磨灭之功。

微服私访寻佳肴

在中国古代，清代宫廷饮食可以说是传统中华饮食文化的顶峰，得益于各种食材的丰富，清朝各帝王后妃得以享受到历朝历代最为顶尖的美食，其中的老饕非乾隆帝莫属，他不仅能吃，而且十分会吃。

乾隆帝爱好十分广泛，读书作画、养花赏鸟、骑马射猎等，但别看他这么忙，身体素质可是十分强悍的，他一生都没得过什么大病，自然衰老，无疾而终，足足活了八十九岁，据说去世前两年还曾去骑马打猎。乾隆帝的健康长寿，除了先天的良好身体条件外，还有赖于他饮食上的养生之道。

清・王致诚　万树园赐宴图

画的内容反映了1754年乾隆在避暑山庄万树园接见三策凌的壮观场面，浩大的排场、精致讲究的饮食用具和多种多样的饭菜是皇家宴会的标志。

清代　肉形石

似玉美石中，石英类的玛瑙、碧石等，亦因为具有特殊且多样的纹理与色彩，而经常施以巧雕。院藏名品『清肉形石』即碧石类矿物，其纹理层层堆叠，艺匠据此天然特征再予以加工。首先于表面细密钻点，除营造毛孔的效果外，还使质地较为酥松，易于染色。其次便是将上层染成褐红色，像是肉皮浸过酱油一般。让明明是冷硬的石头，却令人联想到『东坡肉』鲜嫩多汁、入口即化的好滋味，真可以说是天上人间最有默契的巧作。

清代　景泰蓝珐琅元宝盘

3.2厘米×15.2厘米×8.9厘米。清代用来盛食物的盘子，颜色亮丽，制作工艺精细，用它盛一些水果摆在桌子上，好看又实用。

乾隆年间，清宫饮食非常豪奢，但乾隆帝在“豪”之外，更有品位、爱讲究。所有的珍品中，他最常吃燕窝，一年四季早膳前都要先喝一碗冰糖炖燕窝，早晚正餐中也要有各种燕窝菜，如燕窝炒鸡丝、燕窝拌白菜、燕窝清蒸肥鸭等；肉食中，他最喜欢吃的是鸭肉，但也需经过精选细烹后才会食用；他深知食鹿肉滋补身体，但仍十分谨慎，总是会让厨师按照肥瘦烹饪。

乾隆帝养生经可概括为“粗细搭配，荤素相宜，粮菜互补”，因此，他食杂粮、蔬菜的习惯也一直保留着，并根据季节变化不断调整，如春初设火锅，夏初添凉菜，冬三九多食羊、鹿肉，夏三伏吃糊米粥、绿豆粥……

此外，很多被看作登不了大雅之堂的民间食物也是乾隆的最爱，如榆饽饽、蒜茄子、秕子米饭等。这些食物能够被乾隆发现并出现在宫廷之中，也有赖于他的另一喜好——旅游。

乾隆先后六次出巡，游遍大江南北，除了些莺莺燕燕的情缘，作为“吃货”的他，探寻美食或许才是真正的目的，可谓是一路走一路吃，与之有关的美食故事更是数不胜数，其中“赐匾都一处”的故事可信度相对较高。

1752 年，乾隆微服私访，回到京城时已是深夜。此时的乾隆帝突发奇想，想在路边找一家小酒馆或者饭店，再尝一些民间美食。可由于是节日，又是半夜，人们都回家团圆去了，大街上一个人影都没有，更别说店铺开门了。正当他们苦恼之际，突然看见前方一片亮光，乾隆命车夫快速赶过去，只见小店门面不大，门口还挂着一串破葫芦，名为“醉葫芦”。

乾隆走进小店，店主人十分热情，为他做了几只烧饼，炸了一盘豆腐，又弄了马连肉、晾肉等几个小菜和一壶烧酒，食物虽简单，但乾隆吃得很是尽兴，尤其是豆腐，对于本就喜欢豆制品的他来说，甚是美味。乾隆龙心大悦，回宫后第二天就让太监赐匾取名“都一处”。

“都一处”开业于乾隆三年（1738 年），店主姓王，最初只是一间经营烧饼豆腐的小酒铺，生意稍好些后，于乾隆七年盖了一间小楼，到乾隆十七年（1752 年），因乾隆帝的光顾和题名赐匾而出名。

除此之外，民间很多美食如叫花鸡、鱼头豆腐、龙舟活鱼、四鼻鲤鱼、鲫鱼汤等相传都是由乾隆发掘而出名的，但其真实性无从考证。不过，乾隆帝的能吃和会吃在很多史料记载中都有体现，这是毋庸置疑的。

第二节　文人雅士中的吃货

古之文人，总给人一种高雅脱俗的感觉，而他们的饮食生活与社会其他阶层相比，同样也具备这样的特征：追求艺术，注重品位，无所谓豪奢，但一定雅致。

白居易亲制胡麻饼

胡麻饼样学京都，面脆油香新出炉。
寄与饥馋杨大使，尝看得似辅兴无。

这首七言绝句正是出自白居易之手，名为《寄胡饼杨万州》。

唐代宗大历七年，白居易出生在河南新郑一个官僚家庭中，他自幼聪颖过人，希望读书做官，实现毕生理想，但其为官之路并不顺畅，几经升迁贬谪。

818 年，白居易由江州司马升任为忠州刺史，他的弟弟白行简也来到江州与之相聚，双喜临门，白居易异常高兴，亲自下到厨房，兴致盎然地制作了一堆胡麻饼。与弟弟吃饭期间，他突然想起自己的好友杨敬之，当时杨敬之正在万州担任刺史，距离江州并不遥远，就包了几个胡麻饼命人骑着快马寄赠给了好友，同时即兴赋诗一首，以分享自己的喜悦之情。

白居易在诗中表示，制作胡麻饼的手艺是在长安任职时跟别人学来的，现下自己做了一些，刚刚出炉又脆又香，特地请杨大使尝一尝，看看口味是否能比得上长安安福门外的辅兴坊售卖的。

胡麻饼又称胡饼，根据东汉刘熙《释名》中的解释，即表面带有芝麻的面饼。古代时，中原地区的人们把异域异族称为“胡”，所以从异域引进的食品原先都姓“胡”。芝麻是汉朝时从西域引进的，在当时叫胡麻，胡麻饼也有记载说本是胡食，中原人士在效仿的基础上做了些许改动。

胡饼的食用历史相当悠久，与之相关的史料记载也有很多。《后汉书·赵岐传》载“桓帝时，赵岐常于北海山东寿光市中贩胡饼”；《太平御览》有“吕布率军到达乘氏城下，李淑节作万枚胡饼先持劳客”；宋代孟元老《东京梦华录·饼店》有云“北宋汴京（开封）亦有胡饼店，所卖品种繁杂，新样满麻”；后来明代的蒋一葵也在《长安客话·饼》中说“炉熟而食皆为胡饼，今烧饼、麻饼、薄脆酥饼是也”。

胡饼在中原出现后，就深受喜爱，上至帝王，下至平民，都愿意以胡饼为食。《后汉书》记载“灵帝好胡饼，京师（洛阳）皆食胡饼”。这样的风气到唐代更浓，当时长安有多家胡麻饼店，胡麻饼几乎成为一种风靡一时的国民小吃。

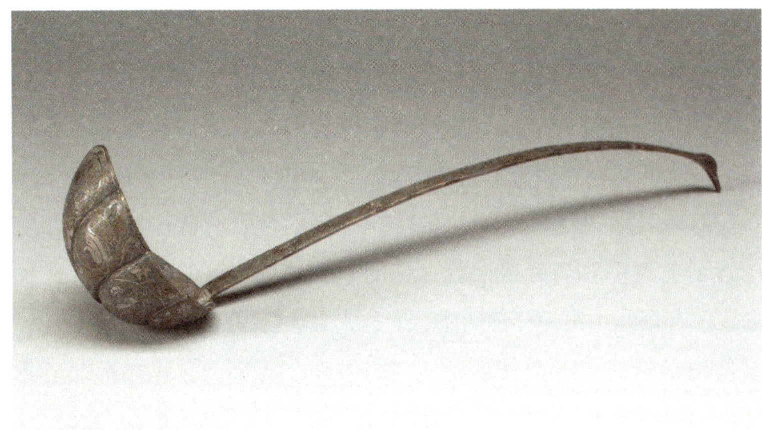

唐代　银勺

唐代用于吃饭的勺子。

唐三彩　鸭子容器

可用于盛水或酒等液体。

白居易 16 岁时来到长安，从那时起就常吃胡麻饼，在京为官多年，对胡麻饼很是熟悉，自然而然地也就学会了制作方法。离开京城到外地任职后，白居易对胡麻饼的喜爱更甚从前，幸好自己掌握了制法，常常让厨师做来吃，闲暇时自己也会动手。

白居易赠饼寄诗，为的是同好友分享自己的喜悦，却在无意中解了史料中对胡麻饼记载存在的一个较有争议的问题。《资治通鉴》玄宗纪中写道“日向中，上犹未食，杨国忠自市胡饼以献”，宋代史学家胡三省在其后备注“胡饼今之蒸饼”。《缃素杂记》又说“有鬻（yù）胡饼者，不晓名之所谓，易其名曰炉饼；以为胡人所啗，古曰胡饼也”。

胡麻饼到底是笼屉蒸的饼还是烤的炉饼？白居易的诗中给了明确的答案。

能吃会做又善吟的苏东坡

士大夫饮食文化的崛起是宋代饮食文化发展的一大特色。

宋代饮食文化在我国饮食文化史上占有重要地位，而其发展离不开宋代士大夫阶层的推动。士大夫自古就是我国特有的一个阶层，而在宋代特殊的政治、经济、文化环境下，士大夫阶层就更增添了几分与众不同的味道，他们在艺术、文化上的追求令人叹为观止，当然，在饮食方面也就成了探索饮食文化的主要力量。

苏轼致季常尺牍

从苏轼致陈慥（字季常）的信函中可以看出，蜀人喜茶。在信中，苏轼托季常（陈慥）代向王君解释无法出借黄居寀画原因，为表歉意，特随信附上团茶一饼。团茶如饼状圆形，故以『饼』为数量值。北宋中晚期团茶做得极为精致，有大、小龙凤团、密云龙等名品。此时『密云龙』居小龙团之上，苏轼曾得赐数饼，并作诗：『小团得屡赐，粪土视珠玉。』馈赠友人的，或为龙凤团茶，但仍是珍贵礼品。

宋蘇文忠公軾書

一夜尋黃居寀龍不獲方悟半
月前是曹光州借去摹搨更須
一兩月方取得恐 王君疑是翻悔
且告子細說與纔取得即納去
却寄 團茶一餅與之 旌其好事
也 軾白
季常 廿三日

他们衣食无忧，清闲自在且富有情调，因此有条件也愿意花费时间和精力去研究和享受生活，饮食就是其中的一部分。与此同时，他们的文学修养和审美品位也为饮食文化注入了新的活力，使之可以上升到更高层次上发展。

宋代的士大夫更关注饮食生活中的细枝末节以及自我的饮食感受，注重日常生活艺术，乐于将对饮食的交流活动、对饮食的创新发现以及个人的饮食观等积极地保留下来，并通过诗歌、文章的形式展现。这在一代文豪苏轼身上，体现得尤为明显。

苏轼不仅是爱品美食的“吃货”，也是会做美食的烹饪能手，更是善用文字泼洒情怀的诗人，而“东坡”二字之所以成为美食的专属前缀，也正是源于这三者的结合。

净洗铛，少著水，柴头罨烟焰不起。
待他自熟莫催他，火候足时他自美。
黄州好猪肉，价贱如泥土。
贵者不肯吃，贫者不解煮。
早晨起来打两碗，饱得自家君莫管。

这首名为《猪肉颂》的打油诗，是苏轼被贬黄州所写。

1079年，宋神宗在位时，苏轼怀着强烈的民族责任感和爱国情怀，写了多篇诗文来讽刺变法，批判当权者，后被冠上“诽谤朝廷”的罪名投入监狱中。几个月后，苏轼免于一死，被贬至黄州。

当时的苏轼，生活窘迫，心怀愤懑，整日郁郁寡欢。某一日，他到街上闲逛，当看到一块肥瘦均匀、色泽红润的猪肉时，心中的阴霾瞬间消了一半，当即就将其买了下来。回到家后，苏轼点好柴，架起炖锅，细细烹饪起来，做到兴头上，诗意大发，就作出了那首颇有趣味的打油诗。

诗中，苏轼不仅表达了自己对猪肉的喜爱和对黄州猪肉物美价廉的称赞，也给出了一道猪肉菜的做法——洗锅，劈柴，架柴烧火，待水烧开，切手掌大的猪肉放入水中焯水捞起。将锅中的水舀尽，放油煎熟，再佐以盐、酱油等调味品，搅拌均匀后将切好的猪肉块入锅，最后倒入茶水刚好淹没其边缘。盖锅烹煮，直至香味弥漫。起锅，肉烂，将煮好的菜心放在碗底，猪肉舀起，淋上酱汁。

一块好猪肉，一道猪肉佳肴就足以让苏轼忘却烦心事，兴致盎然地作起诗，“吃货”的称号果然名不虚传。

无竹令人俗，无肉使人瘦。不俗又不瘦，竹笋焖猪肉。

与上一首诗如出一辙，这一首同样描述猪肉的打油诗《竹笋焖肉》，也是出自苏大学士之手。

一次美食聚会上，苏轼看着眼前的菜品正无从下口，突然有一道竹笋焖肉映入了他的眼帘，这正好是他想尝试做但还没有付诸实践的菜肴，于是果断放入口中品尝，一吃，果然味道很独特，脱口称赞道：“不俗又不瘦，竹笋猪肉也。”

除了猪肉之外，在天气寒冷之时，苏轼最爱的食物就是羊肉和羊汤，一年冬至，苏轼终于吃到了自己心心念念的羊肉泡馍，情不自禁地吟唱道：“秦烹惟羊羹，陇馔有熊腊。”

夏天时，天气炎热，肉食吃多易腻，对于喜爱肉食的苏大学

无款人物

本幅画士人坐于榻上，驻目凝思，执笔似欲书写。身旁陈设琴、棋、书、画以及饮食之物，童子在一旁斟酒。榻后有座屏风，其上悬挂着士人的写真画轴。本幅画中主角集文人之雅玩趣事于身边，展现出宋代文人闲适雅逸的生活意趣。南宋流行的『烧香、点茶、挂画、插花』等，在北宋末已酝酿发展中，本幅画可一窥其端倪。

士来说，解腻的水果自然是必不可少的。枇杷、香蕉、柑橘、杨梅……都在东坡饭后水果名单之列，但他的最爱还是荔枝。一次，有人送来几筐荔枝，吃过饭后，苏轼剥开一个荔枝将果肉放进嘴里，顿感香甜清凉，水润光滑，便不由自主一颗一颗地吃起来，这时，苏轼突然想到唐代贵妃食荔枝要累倒好几匹马，自己今日在岭南当差，倒不用那么麻烦，想吃多少有多少，不由得感叹道："日啖荔枝三百颗，不辞长作岭南人。"

与苏大学士相关的食物以及出自他口的美食诗句还有很多，他对美食的热爱源于他对生活的热情，这份热情使他不论处于什么样的境遇都能够保持乐观积极的态度，坦然地面对种种羁绊，也因此能够更好地享受生活。

野生大厨陆游的长寿经

宋代的诸多文人中，陆游算得上数一数二的业余烹饪大师，他在美食上的造诣丝毫不亚于苏东坡。

陆游生活的南宋，相较于前代而言，是有些变化的。宋朝以前，南北饮食风味差异在春秋时期初现后，随时间的推移越来越显著，并逐渐各成流派。但在北宋时期，南食北食开始交流并融合，南方的一些水产菜肴和特产水果传入北方，受到了北方人民的喜爱；

到南宋时，南北饮食交流则更加密切，除南食在北方盛行外，一些北士南渡后，也将中原的传统烹饪技艺带到了南方，如此，在南食北馔的交合过程中，各类新式菜肴美味被创造出来，丰富了南北方人民的饮食。

也正是在这样的背景下，诗人陆游“吃货”的本性和烹饪的兴趣被极大地激发了出来，和苏轼一样，陆放翁在吃和做时，也常吟诗增添乐趣。

陆游对自己的烹饪技术十分自信，甚至达到了自负的程度，比如他曾说“一杯齑，手自油葱。天上苏陀供，悬知未易同”，意思是自己所做的葱油面味道可与神仙吃的“苏陀”相媲美。正是源于这份自信，陆游十分乐意亲自下厨。

某一次外出郊游，陆游就地取材，挖了些竹笋和蕨菜，再配上从山里逮来的野鸡，烹制了一大桌美味佳肴，一顿大快朵颐后，心中十分惬意，随后便写了一首诗将这次下厨的经历和心情记录了下来，还十分得意地到邻居家炫耀了一番。

饭罢戏示邻曲

今日山翁自治厨，嘉殽不似出贫居。
白鹅炙美加椒后，锦雉羹香下豉初。
箭茁脆甘欺雪菌，蕨芽珍嫩压春蔬。
平生责望天公浅，扪腹便便已有余。

从这首诗中，可看出陆游对烹饪之事是相当有研究的，否则又怎会知道“箭茁”和“蕨芽”之妙，又怎会有“炙美加椒”“香

北宋　厨娘砖刻（拓片）

此图为河南偃师酒流沟宋墓砖刻的拓片。描绘了一位北宋厨娘烹饪后清洁食具的场景，是展现宋代饮食文化的珍贵资料。

下豉初”的心得？

陆游虽会做各式菜肴，但他的日常饮食仍以粗茶淡饭为主，对素菜很是偏爱，还常常寻野菜来吃。

菰首初离水，姜芽浅渍糟。
粳香等炊玉，韭美胜炮羔。

这四句诗中共提到了茭白、嫩姜芽和韭菜三种野菜、蔬菜和粳米饭，虽然不够丰盛和精美，但都非常新鲜，诗人还将韭菜与烤羊肉相比，认为前者味道更佳。

陆游喜素食，除了处境艰难、忧心国家之外，还与他倡导养生相关，这也是陆游和苏东坡在饮食上的根本区别。不同于“日啖荔枝三百颗”的纯享受无节制，陆游对于美食的享用是建立在健康的基础之上的。

晨脯节饮食，劳逸时卧起。
藉白来长生，耄期直差易。

陆游非常懂得生活，注重饮食，他认为人要保持乐观情绪，培养兴趣爱好，起居有规律，做到劳逸结合，饮食上要有节制，以清淡新鲜为主，多吃蔬菜。到晚年时，陆游的养生之道在饮食中体现得更为明显，他还曾专门作了一首诗来概括他食粥养生之法。

世人个个学长年，不悟长年在目前。
我得宛丘平易法，只将食粥致神仙。

陆游于 1125 年出生，1210 年去世，共活了八十五岁，这在人们寿命普遍较短的古代，完全称得上长寿。而陆游的长寿，很大程度上与其“懂食”相关。

爱吃狗肉的郑板桥

清代文人郑板桥位列“扬州八怪”之一，他既有“怪”之名，身上自然也就具备一些世人难以理解的特点。古代的文人，或多或少都会有那么一点奇怪的癖好，如苏轼嗜茶，嗜蜂蜜；温庭筠喜欢逛青楼；金圣叹爱闻裹脚布……而这位郑板桥则对狗肉痴迷成瘾。

郑板桥原名郑燮，清代书画家、文学家，生于康熙年间，在乾隆元年（1736 年）中进士，后辞官居扬州，以卖画为生。

郑板桥的诗书画世称“三绝”，在当时也很有名气，尤其受到豪门巨绅的青睐，很多有钱但没什么学问的人都想得到郑板桥的几幅字画来装点门面。不过，郑板桥性格“怪异”，和他性情相投的人，只需一点点钱财便可获得他的真迹，有时候他甚至分文不取，只要几块他喜欢的狗肉即可。相反的，话不投机者则重金不卖，而那些不通文墨的富商豪绅更是郑板桥最讨厌的人。

当时，扬州有一个富商，对郑板桥仰慕已久，曾多次找郑板桥想获得他的字画，可郑板桥对他并无好感，每次都拒绝他的请求。后来这个富商打听到郑板桥爱吃狗肉，就想出了一个好办法。

一天，郑板桥在卖画时，突然听到一阵悠扬的琴声。所谓“高山流水觅知音”，郑板桥对琴声很有感触，便循声来到了一处院落。院落位于竹林中，布局雅致，院子中间坐着一位银发白须的老者，正在闭目弹琴。郑板桥听得正入迷时，突然被一阵肉香吸引，原来是一位童子在屋旁炖狗肉。

郑板桥垂涎欲滴，主动搭话道：“莫非老先生也爱吃狗肉？”老者回答道：“狗肉之美，无可比及。”郑板桥连连点头，但见人家没有邀请自己吃的意思，于是又说：“老先生，你这院落布置虽简单高雅，但也有些单调，让在下为你画几幅字画如何？”老者又说：“本是想挂字画的，但一直没有找到心仪的，听说这里有个叫郑板桥的人，他的画很有名气，不知真假。”郑板桥一听，心中窃喜：“老先生有所不知，我就是郑板桥，如果您不嫌弃的话，我现在就给你画几幅。您呢，也不用给我钱，让我吃点狗肉就行。”老者一听，很是高兴，当即就答应了，随后就拿出厚厚的一叠纸。

在狗肉的驱使下，郑板桥一气呵成，不一会儿便全部画完了。之后，他就和老者坐在院子里捧着狗肉大吃起来，一边吃一边称赞……

毫无疑问，这位老者就是那位富商找来的。富商用一顿狗肉就换到了心仪已久的郑板桥的字画，美食对于文人的吸引力由此可见一斑。

第三节　与众不同的美食家

在推崇『民以食为天』的中国，上下五千年的历史长河中涌现的英雄人物里，自然不乏对美食有独到见解者，他们在个人享受的同时，也对弘扬中华饮食文化做出了突出贡献。

美食鼻祖孔夫子

春秋，作为我国古代奴隶社会向封建社会过渡的关键时期，不仅为历史的推进做出了不可磨灭的贡献，同时也孕育了厚重的文化和信仰。在其异彩纷呈的文化世界里，有那么一个容易被诸子百家的思想光芒掩盖，但又不能被忽视的特殊存在，就是饮食文化。

春秋时期又被称为“铁器时代”，冶铁技术的产生和铁质器具的出现，使得社会生产力大大提高，为农业、畜牧业、水产养殖业以及捕捞业等的发展提供了基础，由此社会资源得到了极大丰富，为饮食发展创造了有利条件。

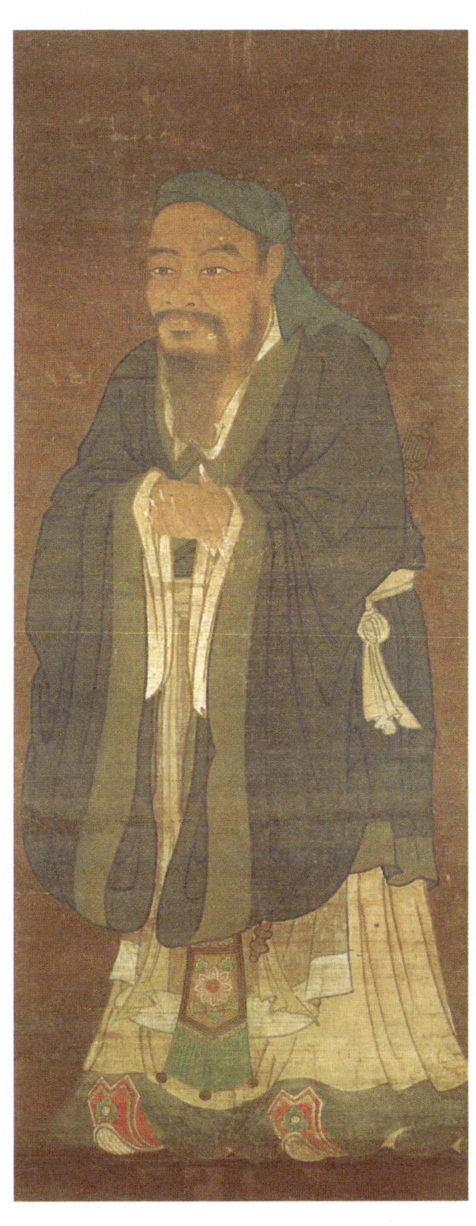

孔子像

虽然当时人们的饮食结构与商周并无差异，仍是以五谷为主，肉类、水产、果蔬为辅，但食材的种类和数量要更多，人们在饮食上也更加讲究，形成了独特的膳食理念，其中最具代表性的，当属孔圣人的饮食观。

孔子，名丘，字仲尼，生活于春秋时期的鲁国，他开办学堂，传播个人政治主张，倡导仁义礼智信，是一位伟大的思想家和教育家。但孔子并非一个一心扑在学术上的老学究，除了读书学习，他懂得并富有生活情趣，不仅在哲学、伦理、教育、历史、文化等方面都有涉足，对美食也颇有钻研。孔子的饮食思想丰富而具体，在论述如何吃喝之外，更具备深刻的内涵，这在《论语》中深有体现。

《论语·学而》中有言："子曰：'君子食无求饱，居无求安，敏于事而慎于言。'"

《论语·述而》中写道："饭疏食，饮水，曲肱而枕之，乐亦在其中矣。不义而富且贵，于我如浮云。"

当衣食住行和学习思考放在一起时，孔子更偏向于后者，他不提倡只追求吃饱喝足，但无所事事的生活，而对不求温饱、好学不倦、苦中作乐的精神尤为推崇，比如他对弟子中出身寒门的颜回就尤为喜爱。但这并不意味着孔子对吃没有要求，相反，在有条件的情况下，他对饮食是非常"挑剔"的。

《论语·乡党》："食不厌精，脍不厌细。"

这是孔子对饮食艺术的讲究，食物要尽可能做得精细，烧得可口，饭最好是净白的米，肉一定要切得细而平整。孔子的这一饮食观实际上还包含了他对人的品格道德修养的要求，做人的标准和烹饪的标准从某些方面来看是一致的。

除了饮食艺术，孔子还提出了很多对饮食卫生的要求，这是其饮食理念中最为丰富的部分。

《论语·乡党》：“食饐而餲，鱼馁而肉败，不食。色恶，不食。臭恶，不食。失饪，不食。不时，不食……沽酒、市脯不食……”

食物放得时间太长，鱼、肉类变质变味，均不能食用。食物本来的颜色和气味变了，不能吃；烹饪时原料调料使用不当没有节制，这样烹制出来的食物不能吃；饮食也要遵循自然规律，不到进餐时间，尽量不吃饭，不是当时节令的东西也不能吃；市井卖的酒，往往会掺着水或有杂质，喝了对身体不好，路边摊买的肉，不够干净卫生，吃了容易生病。

孔子对饮食卫生标准的阐述非常前卫和精辟，有些即使放到现在也很有实用性，而这背后也大有深意，比如“失饪”强调的是烹饪要有节度，实则也是指做人要懂得收敛，言行举止要得当。

孔子的饮食观涉及饮食原则、烹饪技术、礼仪等多方面，相当完整，但其一生周游列国，饮食上并不稳定，因此也没有很多机会将这些在实际中运用。

饮食中的大学问

人只要活着，就离不开饮食，富贵人家摆满大鱼大肉，贫苦人家只有菜汤清粥。寻常百姓人家谈饮食，只求吃饱即可，美味与否不可强求；富贵人家谈饮食，就不只要吃饱，还要享受食材滋味、汲取其中营养；只有文人雅士在谈美食时，才会细说其中的文化、深究其中学问。

饮食之中有大学问，古代有许多文人雅士都给出了自己的答案。清代文学家李渔在其《闲情偶寄》中单辟一篇“饮馔”，详细阐述了自己的饮食观念，同时还对饮食中的美学思想以及养生之道进行了独到解读。

清·陈枚临摹宋人耕织图（部分）

《耕织图》是中国古代为劝课农桑，采用绘图的形式翔实记录耕作与蚕织的系列图谱，最初为南宋绘。我国以农立国，早在商周时期，就有天子祭拜先农、行耕耤礼的制度。每年春天，皇帝都要亲自或遣官前往先农坛祭祀先农，并举行耕耤礼。耕耤的前一日，皇帝要在紫禁城的中和殿，事先审阅祭先农的祝版，检查耕耤使用的农具。有些四体不勤的帝王还要提前进行练习，光绪皇帝就曾经先后五次在丰泽园演练过耕耤礼。所以，《耕织图》被后代皇室看重，均以皇室名义进行摹绘或修订，蔚然成风。其中耕图有浸种、耕、耙耨、耖、碌碡、布秧、初秧、淤荫、拔秧、插秧、一耘、二耘、三耘、灌溉、收刈、登场、持穗、舂碓、簏、簸扬、砻、入仓、祭神；织图有浴蚕、二眠、三眠、大起、捉绩、分箔、采桑、上簇、炙箔、下簇、择茧、窖茧、练丝、蚕蛾、祀谢、纬、织、络丝、经、染色、攀花、剪帛、成衣。

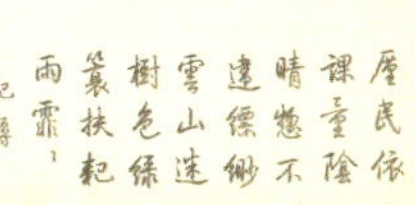

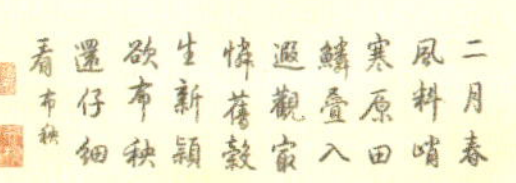

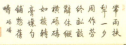

蠶蛾絲盡方生子送向溪頭任所之默祝明春盛今歲勝年生理計家資

蠶蛾

絲絲堆成錦繡紋攀花閨巧家精勤堪憐織婦空勞勤蓋體無過大布裙

攀花

經緯功成尚染絲晴光萬縷燦離離天工奪盡閨人巧桐上還秀五色施

染色

蠶繅輪捲遍千家午靜人情鳥語譁浸緯形秀供織作阿香軋軋轉雷車

緯

戔戔束帛費縫紉只爲祁寒事切身聖意憂勤圖盡裹宵衣永庇萬方人

成衣

溪尾如藍秋水清裁衣寄遠重閨情金刀欲下躊躇意然後皆從素手成

剪帛

秋蕊深閨無限情可憐嬌婢送寒敲玉閨萬里征夫遠惆悵新絲絡不成

絡絲

在“饮馔”篇中，李渔将饮食分为蔬菜、谷食和肉食三个大类，并对这三类饮食进行了详细评述。

在蔬菜和肉食的选择上，李渔主张蔬菜为主，肉食为次。同时在谈到蔬菜的特色优点时，不同于其他文人雅士大谈特谈蔬菜的清、洁、松脆，李渔独辟蹊径地提出了“鲜”这个概念。他认为吃蔬菜更能亲近自然，也更有利于养生健体，对于想要修身养性的人是非常有帮助的。

在饮食口味上，李渔认为清淡饮食更有利于健康，过于浓烈的味道会让食材失去原有的真味，而清淡的滋味可以让人神清气爽、健体少病。可以说，现在的清淡饮食观念正是承继了李渔所提的清淡饮食之说。

提到了重清淡，就不能不说忌油腻的问题。李渔认为油腻会堵塞心窍，心窍都被堵住了，头脑又怎会精明呢？除了这一点理由，李渔认为乱加重油也会让食物原有的鲜味被破坏，原本微甜鲜美的食物会失去甘甜。

重清淡，忌油腻，看样子李渔似乎是一位典型的素食主义者。但从他对食鱼食蟹的论述来看，又会觉得他对肉类食物也并没有那么排斥。

在李渔看来，如果吃鱼要在“鲜”与“肥”这两大特点之中择其一的话，那“重鲜次肥”才是食鱼之道。当然，如果要特别指明某种鱼类的话，李渔的选择也会有所改变，比如在吃鲫鱼、鲤鱼时，他会选择清蒸或做汤，以尽食鱼之鲜味；而如果是吃鲢鱼、鳊鱼时，他则会选择红烧，来享用鱼之肥美。

除了在食材选择和烹调上有诸多学问，还有一些饮食学问隐藏在用餐过程之中。关于这一点，李渔提出了“饮食不能过多过快”的观点，细嚼慢咽才能真正让饮食有益于人体健康，囫囵吞枣一般的进食，只会伤害脾胃，让人消化不良。

李渔在饮食上的主张倾向于回归自然本真，以清淡、调和、食益为食之精髓，吃出食物中的美味，吃出食物中的营养，这种看似简单的饮食观对中国的饮食文化产生了深远影响。

爱花吃花的袁枚

中华美食文化博大精深，除了色香味形外，古人还很注重养生。

外国人说，中国人什么都吃。其实，我们从这句调侃中也能看出“中国人会吃”，不管什么食材，都能被中国人做成鲜美的食物，连鲜花也不例外。

早在春秋战国时期，中国就已经有吃花的记载了。楚国诗人屈原曾在《离骚》中说：“朝饮木兰之坠露兮，夕餐秋菊之落英。”意思是早上收集木兰花的露水饮用，晚上则以秋菊为食。菊花因其味道淡雅幽香，又有清火解毒的功效，所以很早就被当成药膳的食材。除了菊花外，牡丹、木槿、槐花、茉莉、桂花、栀子等都可以成为盘中佳肴。

古今中外，说到最喜花食花的人，那就非清朝文人袁枚莫属了。

袁枚是清代著名诗人，也是乾隆年间的进士。四十岁时，他辞去了知县，回到南京随园过起了逍遥快乐的生活。

这个南京随园其实来头很大，当年，《红楼梦》作者曹雪芹还是个不知辛苦何滋味的官家少爷，随园就是曹家的地产。曹雪芹笔下的大观园，其原型就是随园。后来，曹家获罪，随园便给了继任江宁织造一职的隋赫德了。

袁枚喜爱随园，便花了黄金三百两将其买下。当时，一套十间的四合院，市价也不过白银二百两（黄金三百两约为白银两千两），可见随园的豪华程度。

袁枚喜好自由，他曾说，“不作公卿，非无福命都缘懒；难成仙佛，又爱文章又爱花。”辞官后，袁枚便经常在随园大摆筵席，他在吃食方面十分用心，当时的文人雅士、名流士绅们，都以能在随园用餐为荣。

袁枚极喜欢食花，他春食玉兰，夏食荷花，秋食菊花，冬食腊梅。由于袁枚是声名远播的大才子，所以民间也纷纷效仿他食花。

在袁枚看来，花的种类繁多，做花的方式更是数不胜数。除了直接鲜食外，还可以用蒸、煎、煮、炸、烤、炒、腌、酿等方式进行花食加工。

桂花、槐花等可与糯米同蒸，制成桂花糕、槐花糕，清香可口。

梅花可以煮粥，如果煮粥的水，是使用冬天梅树存下的雪水，那花粥的味道则更加幽香扑鼻。

玉兰花可以做花馔。花馔是一种类似“天妇罗”的食物，人

清·徐扬绘《端阳故事图册》绢本

设色，共八开，每开 20.7 厘米 ×18.2 厘米。图册分别描绘了端阳节期间的民俗活动。

射粉团

题：「唐宫中造粉团角黍饤盘中，以小弓射之，中者得食。」

赐枭羹

题：「汉令郡国贡枭为羹赐官。以恶鸟，故食之。」

采药草

题：『五日午时蓄采众药治病，最效验。』

养鸲鹆

题：『取鸲鹆儿毛羽新成者去舌尖，养之皆善语。』

悬艾人

题：『荆楚风俗以艾为人悬门户上，以禳毒气。』

系采丝

题：『系采丝，以五色丝系臂，谓之长命缕。』

裹角黍

题：『以菰叶裹黏米为角黍，取阴阳包裹之义，以赞时也。』

观竞渡

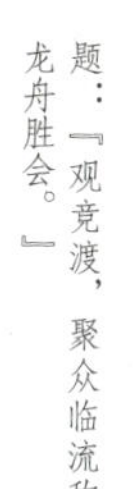

题：『观竞渡，聚众临流称为龙舟胜会。』

清·钱维城 牡丹

钱维城，初名辛来，字宗盘，又字幼安，号幼庵、茶山，晚年又号稼轩、武进。其所绘之牡丹，刻画极为精细，枝叶先勾线再施色，气质清丽。虽然是艳丽的色彩，但渲染出来却十分素雅，体现了钱维城的审美趣味。牡丹是中国的国花，它象征着幸福、和平、繁荣、昌盛、富贵、吉祥。除了观赏外，牡丹也是可以入药和食用的，药用时，以根皮入药，称牡丹皮，又名丹皮、粉丹皮、刮丹皮等，系常用凉血祛瘀中药。丹皮性微寒，味苦、辛，可清热凉血，活血化瘀。食用时，中国不少地方有用牡丹鲜花瓣做牡丹羹，或配菜添色制作名菜的，牡丹花瓣还可蒸酒，制成的牡丹露酒口味香醇。

▲清·金农　红兰花图

63.7厘米×40.5厘米，现藏于故宫博物院。此图与《兰花图》笔法相同，只在构图上略有差别。

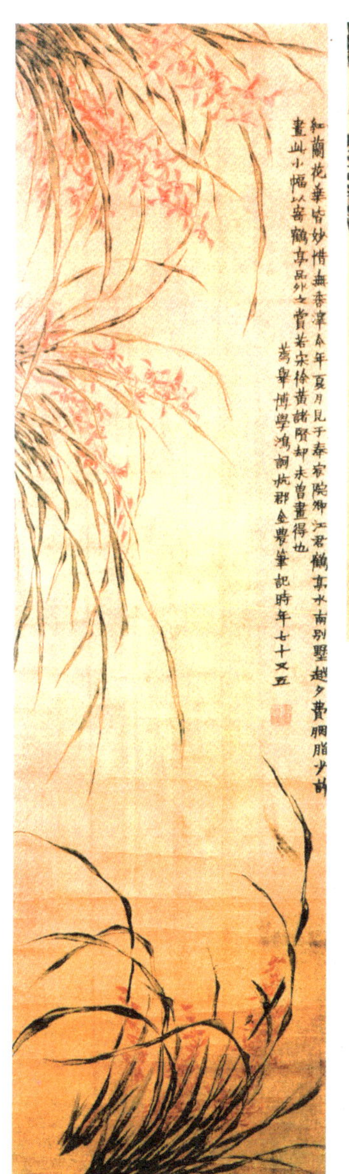

◀清·金农　兰花图

130.5厘米×37厘米，现藏于南京博物院。兰花在中国久负盛名，自古以来就是文人墨客笔下的常客，兰花品质高洁，一直是君子的象征。金农绘制的这幅《兰花图》中，三丛兰花遥相呼应，清新脱俗。兰花也是可以食用的，兰花可作菜肴，用新鲜的兰花花朵，去了唇瓣和蕊柱来烹制佳肴，乃宴席上的著名川菜，清香扑鼻，缭绕席间。

清・金农　梅花图

金农，字寿门、司农、吉金，号冬心先生，『扬州八怪』之一，擅长画墨梅，其画风古拙天真，所画梅树和梅花都是风姿奇崛，柔中藏健的。在古代，梅花往往代表着爱情。梅花也是可以入药和食用的，另外梅花还可以用来泡茶，煮粥，用来治肝胃气滞所致胁肋胀痛、脘腹痞痛、嗳气纳呆、梅核气等亦有功效。

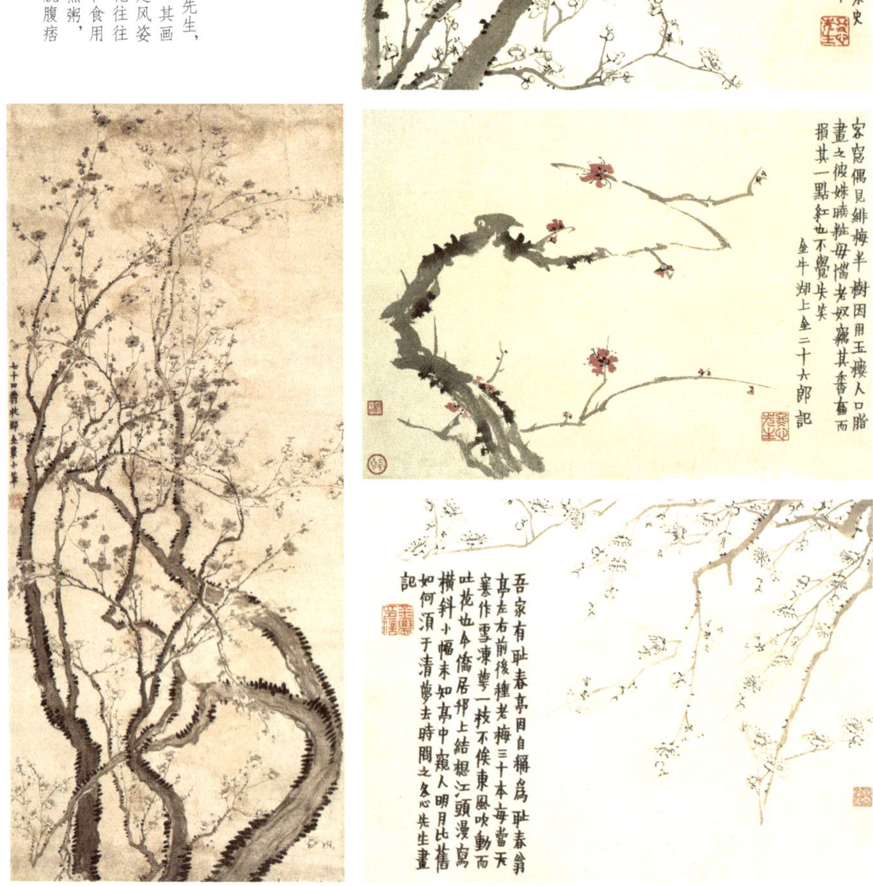

们会将玉兰花放入面糊中，裹上一层面后，再放入麻油中煎食。

茉莉、梅花等可以制成花茶。君子以茶代酒，禅茶一味，花为茶更添了一丝风韵。

桂花等可以酿酒，秋天的桂花酿可健脾胃、活气血，老少皆宜。

总之，在袁枚的世界中，吃花是一件极其风雅的事情。时至今日，在不少美食中仍然有花的影子。

肆 膳食妙事

第一节　皇家『吃』趣

作为至高无上的统治者，古代帝王的膳食总是让人们充满了无尽的好奇和想象，因而在历代以及各民族的饮食风俗中，不少的趣事奇闻都和帝王相关。

爱吃杂烩的楚霸王

自西周至秦统一六国的近九百年间，在长江中下游流域，楚人带着楚族先民的特质不断融合并形成了一个具有强大影响力的文化圈，他们在坚守着本身的浪漫情调和淳朴气息的同时，又吸纳了周边其他民族的文化习俗，形成了光怪陆离的民俗风情，饮食文化亦被涵盖其中。

楚人对吃饭这件事儿非常重视，讲究颇多。首先，体现在他们的饮食场所和餐桌装饰上，房屋必须高广，而餐桌则要矮腿，装饰筵席所用的礼器，陶制的要修长淡雅，铜制的则要精巧富丽；

清·佚名 临摹宋人《楚江图》

楚江，即现在的长江，楚国发源于长江流域内的湖北、湖南地区。之后一直东进，至战国相继占领长江流域各国，故古人亦称长江为『楚江』。这幅清人绘制的《楚江图》，原为北宋画家燕文贵绘制，目前收录于美国弗利尔美术馆。此幅《楚江图》绘制的江水浩渺，烟雾弥漫的江水中有渔船经过，岸上的苍松郁郁葱葱，亭台楼阁掩映在这些巨石古松中，整幅画古朴醇厚，表现了长江流域俊朗的自然风景和人文景观。独特的水土孕育了当地独特的水果口感，比如在《楚辞》中的《橘颂》中有写：『后皇嘉树，橘徕服兮。受命不迁，生南国兮。』说的就是橘树的种植地域由于水土问题只能在长江以南口感才甜蜜，却不能在长江以北，若在长江以北种植，口感则会逊色很多，诗中的『南国』，也就是指的当时的楚国，因此楚国境内的江就称为『楚江』。『橘生淮南则为橘，橘生淮北则为枳』也是由此而来。

其次，是在礼仪方面，不同的宴会上，衣冠、坐席都有严格规定，食物、餐具数量和种类都要遵循等级制度；再次，在口味上，楚人虽不挑剔，飞禽走兽之肉，酸甜苦辣麻之味都可，但十分在意食材的新鲜和五味的调和；最后，在饮食结构上，楚人讲究饭稻羹鱼，如《史记·货殖列传》云："楚越之地，地广人稀，饭稻羹鱼。"

不过，楚人对于饮食上的细腻在楚霸王项羽身上并无体现，和他率直豪迈的性情一般，项羽在饮食上同样粗犷豪放，不拘小节。

除了特殊的宴会和祭祀，项羽的日常饮食有一个非常大的特点，即种类极少，别无二味。

项羽虽是帝王，但武将的情怀更重，他带兵打仗，很多时候都是在奔波中，不免常会遇到食材稀少或者军情紧急的情况，吃饭自然是越简单越好，久而久之，这便成为一种习惯。因而，居于宫中时，即使有丰富的食材和厨房设备以及众多御厨，具备了享用美味佳肴的条件，项羽还是沿用行军打仗时的习惯，怎么简单怎么来。

这样的要求看似不难，要满足却并非易事。宫中情况与军中不同，在烹饪条件如此完备的情况下，食物的美味和营养必须要有保证，但在一道菜的前提下，两样要求很难同时实现，常常是味道可以，营养不高或者营养够高，因食材堆积，味道达不到标准。这可难坏了宫中的厨子们，如何烧出一道既好吃又能让霸王摄取足够营养，保证充足的体力驰骋沙场的菜，成为他们的当务之急。

当时，有一个小御厨，他曾经在宫外时看到过一户人家把各种食材放到一锅熬制，虽不知味道如何，但不失一种烹饪的方式。

轮到这位小御厨掌勺时，他就按照自己此前的想法，将鸡、鱼和大量蔬菜、香料放到一起，精心烹制，熟后，放入调制好的汤汁，随后端给了大王。

这一道菜被呈到面前时，项羽有些疑惑，但还是迟疑地夹起一块肉放进了嘴里，没想到这一口立马勾起了他的食欲，一大盘杂烩很快就被吃光了。这顿饭菜使得项羽心情大好，随即下令为了节约时间，以后的菜都要这么烧。此后，御厨每顿都做烧杂烩，并在之前的基础上进行了改良，加入了更多配料，翻新了多种花样。

如今，烧杂烩在苏北一带已是非常普遍的菜品，它虽缺乏一般苏菜的玲珑精巧和清雅多姿，但做法简单，营养丰富，不失为日常饮食的一道佳肴。

一尾醋鱼两日食

分裂、战乱在阻碍社会进步的同时，对饮食文化也有着不可忽视的负面作用，大一统、强盛的帝国则为宫廷膳食的发展创造了有利的条件。经过烽火连天、动荡不安的五代十国，宋朝在稍事休养后恢复了几分盛唐的风采，这亦体现在其宫廷饮食上。

宋代的宫廷饮食，同样以穷奢极欲著称。中唐之后，饮茶之风盛行，到宋代时，御茶珍品不计其数，皇室还崇尚西域食法，爱摆宴席，宫中宴会接连不断，大臣、内官献食成风尚，规模之大，令人叹为观止。

《宋会要辑稿·方域四》中有过统计，北宋的宋神宗喜吃羊肉，某一年，皇宫每天仅羊肉的消耗量就达到了将近一千斤，其晚年沉溺于歌舞升平，往往“一宴游之费十余万”。

宋朝时，皇宫内管理皇家膳食的宫人名叫“司膳内人”，由这司膳内人记录的一份宋皇宫菜单《玉食批》再现了宫廷膳食的繁多和名贵，原文如下：

> 偶败箧中得上每日赐太子玉食批数纸，司膳内人所书也。如酒醋三腰子、三鲜笋、炒鹌子、烙润鸠子、燔石首鱼、土步辣羹、海盐蛇鲊、煎三色鲊、煎卧乌、焗湖鱼、糊炒田鸡、鸡人字焙腰子、糊燠鲇鱼、蝤蛑签、麂膊、浮助酒蟹、江瑶、青虾辣羹、燕鱼干鱼酒醋蹄酥片、生豆腐百宜羹、臊子炸白腰子、酒煎羊，二牲醋脑子、清汁黿胡鱼、肚儿辣羹、酒炊淮白鱼。

不过，在皇室日常膳食普遍豪奢的情况下，宋王朝也有不一样的帝王，《经筵玉音问答》中对南宋皇帝宋孝宗有过这样一段记载。

南宋隆兴元年五月三日晚，宋孝宗于后殿内阁中宴请经筵官胡铨。当时，桌子上只有几道菜，且都不是什么名贵食材，其中有一道“胡椒醋子鱼”，宋孝宗特地邀请胡铨品尝，并告诉他：“子鱼甚佳，朕每日调和一尾，可以吃两日饭。盖此味若以佳料和之，可以数日无馁腐之患。”意思就是，这道胡椒醋子鱼味道特别好，朕每天让御膳房调制一尾，可以连着吃两天，而且如果这道菜用好的调料调和，可以放置好几天都不会腐烂。

一尾鱼吃两天甚至更久，对于一个皇帝，可以说是节俭之至了。胡铨听后被孝宗的简朴作风深深打动，感慨地说道："陛下贵极天子，而节俭如此，真尧舜再生。"孝宗又说："向侍太上时，见太上吃饭，不过吃得一二百钱物。朕于此时固已有节俭之志矣。此时秦桧方专权，其家人一二百钱物，方过得一日。"孝宗表示自己的节俭是从太上皇即宋高宗身上学来的，高宗平时吃饭，每餐仅需一二百文钱，和秦桧的仆人相差无几。

孝宗口中的宋高宗，在饮食上更为"接地气"，不爱饕餮盛宴，却对市井杂食青睐有加，《西湖游览志余》中有云："上皇宣索市食，如李婆婆杂菜羹、贺四酪面、臟三猪胰、胡饼、戈家甜食数种。"

除了以上两位宋朝皇帝，宋仁宗和宋徽宗在饮食方面也相对节俭。孟元老《东京梦华录》中记载了宋徽宗一次寿宴的情景，当时亲王宰相、文武百官、外国使者都参加了，可徽宗却让御厨做了十分简单的菜品：每张桌案上，摆着"环饼、油饼、枣塔""次列果子"，只有辽国使者的餐桌上多了"猪羊鸡鹅兔连骨熟肉"。不过，北宋到了后期，饮食风气发生了显著变化，较为简朴的宋徽宗也开始"常膳百品"，远超其祖。

当然了，仅凭这几位皇帝被记录下来的几次节俭之风并不能挽回整个宋王朝奢靡的坏名声，不过他们却让后人见识了与众不同的皇帝形象和宫廷日常生活。

忽必烈涮羊肉

如今，吃火锅已经成为人们日常生活中一种非常普遍且很受欢迎的饮食方式。实际上，火锅吃法在我国非常久远，在战国或者更早时期就已出现，《韩诗外传》中记载，古人在进行大型庆典活动时，会击钟列鼎而食，所谓列鼎而食，就是将牛羊肉等各种食材放入鼎中煮熟，然后分食。这种吃法大概就是火锅吃法的原始形态，不过在当时并不多见，只是在重大祭祀宴上才会出现。

而火锅在我国也有着非常悠久的历史，关于其前身，一般有两种说法，一是东汉时期的镬斗，东汉墓出土的文物中，有一种青铜制的，肚大边沿矮的锅，叫“镬斗”，和如今的火锅非常相似，西汉海昏侯的陪葬品中，还有一种加热器具，类似火锅炉；

忽必烈像

二是三国魏文帝时期的铜釜，《三国志·魏志·钟繇传》中说："魏国初建，为大理，迁相国，文帝在东宫，赐繇五熟釜。"五熟釜，即一种铜制的类似锅一样的炊具，内有分格，可以同时煮多种不同的食材，有点类似于现在的九宫格火锅。

唐宋时期，关于火锅以及火锅吃法的记载已经非常多且详尽了，不仅出现在各种史书、饮食专著上，在各大诗人的诗歌中也都有，比如白居易的《问刘十九》诗："绿蚁新醅酒，红泥小火炉。"描述的便是和友人一起围炉喝酒吃火锅的场景。可见，吃火锅在当时已经非常流行了。

围锅而食的吃法及火锅的历史虽长远，但是古人吃火锅时所用的食材和我们如今还是有所差别的，一是种类不够多，二是处理方式不够精，比如现在人们在吃火锅时普遍喜欢的涮薄片羊肉，在元代之前都是吃不到的。

据史料记载，涮羊肉或者说羊肉火锅，始于元代，兴于清朝。《旧都百话》云："羊肉锅子，为岁寒时最普通之美味，须于羊肉馆食之。此等吃法，乃北方游牧遗风加以研究进化，而成为特别风味。"

关于涮羊肉，有一种说法，其出现得益于元世祖忽必烈。

生活在草原的蒙古游牧民族，有着与汉族不同的生活习惯，在饮食上以牛羊肉为主食。忽必烈率军南下时，由于长期脱离草原，加之后勤储备不足，蒙古军的生活方式发生了很大变化，此前每餐必备的牛羊肉成为奢望。

一次，大战在即，可士兵们却一个个饥肠辘辘、无精打采，就连忽必烈本人也因为很久没有大吃牛羊肉而饥馋不已。恰在这时候，有探子来报，说是不远处发现了似是羊的动物。忽必烈就命伙夫将羊全数虏来，宰杀剁块后，清炖来吃。伙夫按照吩咐一一进行，可就在羊肉即将下锅时，又有探马来报，称敌军已经逼近军营。美食在即，忽必烈实在不愿离去，但军情紧急又容不得他长时间耽搁，忽必烈就开始催促伙夫赶快将羊肉煮熟端上来，否则就要治罪。伙夫接到命令心骂忽必烈故意为难他，羊肉那么大块怎么也得煮上一段时间啊，但是军令不可违，着急中伙夫心生一法，将羊肉块切成了薄片，放进沸水中，等肉色一变，马上捞出，放入调料，盛了满满一大碗让人呈给了忽必烈。

忽必烈几口将羊肉吃完，就跨上战马，出去迎敌了。获胜归来后，忽必烈才有时间回味那碗羊肉，又心生奇怪，伙夫是怎么在那么短时间内就将肉煮熟了呢？为了解开疑团，忽必烈就让伙

宋·郭思 戏羊图

图中描绘的是，在盛开的梅树下，一孩童正牵着一只羊在嬉戏，图中的山茶花和梅花均是正月之花，古时『羊』通『祥』，因此整幅画是新年吉祥的意思。羊是古代人生活中重要的牲畜，尤其对蒙古族人来讲，更是他们重要的肉食来源。

清・郎世宁　开泰图

郎世宁，原名朱塞佩・伽斯底里奥内，生于米兰，清康熙年间来中国传教，入宫成为宫廷画家，历仕康、雍、乾三朝。此图为郎世宁五十八岁时之作，图中为三只绵羊，『羊』与『阳』同音，古时常用三只羊来代表『三阳』，表示万物之始，『三阳开泰』之意。

夫当着他的面再做一遍。羊肉薄片一被伙夫放进水中，很快就熟了，香味随着四散，忽必烈忍不了诱惑，干脆就着锅吃了起来，又让众将领都进来围着锅一起吃，将领们吃过后，纷纷称赞，问这食物叫什么名字，忽必烈随口说道：“就叫涮羊肉吧。”后来，涮羊肉就被忽必烈带到了元宫，成了宫廷专菜，到清朝时，才流传到民间。

每个朝代的饮食都有属于自己的特色，而元朝以豪爽著称。蒙古族喜欢大口吃肉大碗喝酒的进食方式，对于家禽和野味情有独钟，早期，物资匮乏时，元人常捕捉土拨鼠食用。不过，随着深入中原，元人的饮食习惯受汉族影响有所改变，在粗狂之外也有细腻可言，涮羊肉的吃法就可看作一种粗细结合的体现。

唐太宗醋芹待魏徵

唐朝，随着大型水利工程的建成和屯田制度的实行，农业得以高速发展，各种农作物尤其是稻和麦的产量大大提高。唐朝人的主食是米饭和饼，两者之中，饼又占据了主要地位。当然，这里的饼和我们如今所说的饼含义是不同的，它在当时代表的是一切成型的面食。

唐朝肉食非常丰富，家禽家畜、海鲜水产、野生动物都存在于唐朝人的食谱中。

在唐朝，屠户地位非比寻常，那是因为他们所饲养的牲畜是人们饮食中动物蛋白的主要来源，包括猪、羊、牛、狗等，其中牛肉的食用是有限制的，而羊肉因为需要用到价格极贵的胡椒去除膻味，在普通百姓中并不流行，多为官员贵族食用。

唐朝渔猎风气盛行，水产肉类在肉食中也占有相当大的比重，当时有一道名为“切鲙”的名菜，即以生鱼片为主料；打猎所得的野生动物，如熊、兔、鹿等肉也会出现在饭桌上。

唐朝人爱吃鸡、鸭、鹅等家禽肉类，有些权贵还会用非常残忍变态的方法烹制，如烤活鸭，但很多时候他们并不把禽肉当作肉食看待。

蔬菜瓜果种类的增多，主要有赖于西域特产的先后传入，尤其是蔬菜。汉唐之后，蔬菜种类大大增加，很多域外蔬菜如芹菜、茄子、黄瓜等进入中原人的菜单中，深受人们所喜爱。比如芹菜，唐太宗时期的宰相、我国历史上著名的诤臣魏徵就对它非常感兴趣，常让厨子烹制来吃，与芹菜相关的菜肴中，魏徵最喜醋芹，由此还引发了一段与唐太宗有关的趣事。

627 年，李世民登基称帝后，任命魏徵为谏议大夫，太宗在位期间，曾多次召见魏徵询问政治得失。魏徵前后进谏多达 200 次，他性格刚正，在进谏时常常直言不讳，态度严肃，言辞尖锐，有时候甚至当着众人的面给李世民难堪。

太宗虽然知道魏徵这么做是为自己好，是为整个国家着想，但自己毕竟是帝王，整天让一个臣子指着鼻子骂，实在是没有面子，而且两人谈话时气氛总是剑拔弩张的，没有一点轻松的感觉。这天，太宗又被魏徵批评了一番，他气呼呼地回到寝宫把魏徵一顿大骂，气消了之后，太宗向侍臣们发牢骚：“这羊鼻公整天一副冷冰冰的严肃样子，不知道怎样才能让他动情呢。”一个宦官称：“听说丞相喜欢吃醋芹，每每吃到这道菜就会十分高兴。”

太宗心生一计，几天后邀约魏徵到宫中共同进餐。落座后，太宗先命人上了三大盘醋芹赏给魏徵，魏徵一看见醋芹，两眼发光，谢恩后欢天喜地地吃了起来。其间同太宗谈笑风生，聊得很是开心。太宗见状，故意调侃道：“爱卿，你不说你没有什么嗜好，不怕落人把柄，因此常常毫无忌惮地直言进谏，但今天这醋芹，你可一口气吃了三大盘啊，这不算嗜好吗？”魏徵一听，知道进了太宗的圈套，但自己也确实失态了，赶忙起身向皇帝谢罪，此后再进谏时，态度也稍微柔和了一些。

醋芹，是用发酵的芹菜烹调而成的一种汤菜，在唐代时常常被人当作下酒菜，并不是十分名贵，但因为制作方法特殊，吃起来别有一番风味。

醋芹所用的芹菜与我们如今常吃的芹菜是不同的，前者可能为旱芹或本芹，原产于地中海地区，在汉代时被引入中国，后者为西芹，出现在中国只有几十年的光景。实际上，中国本土也是有芹菜生长的，且有不同种类，据《本草纲目》记载，古代中国本土的芹也有水旱之分，水芹又叫楚葵、水英，旱芹叫作堇。两者之中，堇出现得更早，是一种野菜；水芹在《诗经》中就有记载，如《小雅·采菽》篇：“觱沸槛泉，言采其芹。”水芹在唐宋时被广泛种植，如今人们也有食用。

第二节　食中『奇』趣

吃，对于中国人来说是一件意味深长的事情，它不仅关乎食物的味道，更多的是一种氛围，一种意义，一种情怀。

月饼起义军

中秋节又被称作拜月节、团圆节，是中国重要的传统节日之一。由于中秋节历史悠久且意义重大，所以人们过节的习俗也有很多。虽然各个地区过中秋的习俗都不太一样，但吃月饼却成了中秋节的标配。

古往今来，月饼一直是吉祥、团圆的象征。皓月当空，阖家团圆，大家聚在一起谈天说地，可以尽享天伦之乐。可是，人们手中这块精致的小月饼，却有着非同一般的来历。

根据史料记载，最早的月饼出现在商周时期，是江浙人为纪念商朝太师闻仲所制。这种饼边缘薄、中心厚，被称作太师饼，这也是月饼的始祖。

汉朝时期，张骞奉命出使西域，给中原带回了胡桃与芝麻。

商代　父乙甗

是商代用于烹饪用的厨具。蒸食用具，分为内部分，下半部是鬲（古代炊具，样子像鼎，足部中空。）用于煮水，上半部是甑（就是笼屉，甑底部本身就是网眼），用来放置食物，可通蒸汽。

商代 齿父己鬲

是一种汉族古代煮饭用的炊器，一般有三个中空的足，足下便于炊煮加热食物。

于是，人们将胡桃和芝麻融入太师饼中，变成胡桃馅料的胡饼（类似于今天的五仁月饼）。

到了唐朝，民间已经有专门生产月饼的“饼师”了，京都长安出现了各式各样的糕饼铺子。唐高祖年间，大将军李靖奉命讨伐匈奴，并于八月十五日得胜归来。当时，西域一个小国的代表向唐高祖进贡了一盒精美的圆形糕饼，以祝贺大唐的胜利。唐高祖打开华美的饼盒，心中十分痛快。此时明月当空，唐高祖取出圆饼，指着空中明月笑道：“应将胡饼邀蟾蜍。”说罢，他就将圆饼赏赐给群臣分食了。

到了唐玄宗时期，唐玄宗与杨贵妃登高赏月，玄宗嫌“胡饼”这个名字不高雅，一旁的杨贵妃抬头看着明月，随口说出“月饼”二字。唐玄宗抚掌而笑，至此，月饼这个名字才逐渐在民间流传开。

宋朝时期，月饼依然是高端点心。苏东坡有诗云：“小饼如嚼月，中有酥和饴。”宋代文学家周密在其著作《武林旧事》中，也提到了“月饼”的名称。

直到明朝之后，月饼才真正飞入寻常百姓家，并且在民间广为流传。月饼之所以在民间流传开来，是因为一个重要的历史人物——朱元璋。

元朝末年，汉人不堪忍受元朝统治者的残酷压榨，纷纷拿起手中的武器抗元。作为人民起义军的首领，朱元璋要联合各路起义力量是件很困难的事。这时，明军军师刘伯温想到一条计策。

他先派人四处散播谣言，说冬天会有一场大瘟疫，家家户户需在中秋节买月饼来吃才能避免。之后，他又命人将“八月十五夜起义”“中秋节，杀鞑子，迎义军”等纸条藏在月饼中。人们买回月饼后，自然会发现这些字条。于是，八月十五当天各地同时响应，大将徐达很快攻下了元大都，明军起义也宣告成功了。

由于月饼“功不可没”，所以朱元璋将月饼当作节令糕点赏赐群臣，老百姓也更加重视“吃月饼”的习俗了，这就是“月饼起义军”的佳话。

怀才不遇太白鸭

唐人尚游，尤其是文人，几乎各个都曾有游历的经验。

在唐朝民族大融合、物产丰富、烹饪技术发达、饮食文化繁盛的背景下，空间位移导致的时空转换在饮食方面给文人带来了全新的审美体验，促进了其饮食意识的觉醒以及作品中饮食题材的扩展。

唐代文人除了爱喝酒饮茶外，也热衷于探索发现美食，并喜欢在作品中将自己见识到或者品尝过的各式美食吟诵出来，不管是山珍海味、精致佳肴，还是糙米野菜、粗杂乱炖，诗人们都能写出它们的精妙之处。

不过由于个人境况不同，文人们实际的饮食情况有很大的差异。例如杜甫一生颠沛流离，四处漂泊，“饿走半九州”，有时连粗茶淡饭都不能吃上，更别说品尝山珍海味了；为官多年，颇有积蓄的白居易生活则相对优渥，热爱美酒佳肴，对饮食颇为讲究；至于游历经验最丰富、活得最潇洒的李白，在饮食上也相当洒脱，他吃遍大江南北，与不少美食都曾结缘，四川名菜太白鸭，与他就有一段有趣的渊源。

李白幼年时随父亲从祖籍甘肃陇西迁至四川绵阳，在四川生活的近 20 年里，早已习惯了当地的饮食风俗，特别是焖蒸鸭，随着吃的次数越来越多，李白逐渐掌握了焖蒸鸭的做法。

742 年，李白得玄宗赏识奉命进京担任翰林供奉，

清·苏六朋 太白醉酒图

此图绘李白喝醉于唐玄宗宫殿之内，由两名内侍相扶的场景。

一时间名声大噪。李白以不世之才自居，怀有兼济天下的抱负，想要在朝堂上有一番作为，然而，玄宗看中的是李白的文学才华，只是让他填词写诗，并没有重用他的打算。

向来放荡不羁的李白在人际交往方面并不擅长，他不会刻意迎合，藐视权贵，因此得罪了杨国忠、高力士等人，遭致诋毁，被玄宗渐渐疏远。

那一段时间，李白总是闷闷不乐。有一天，一个朋友来看望他，李白就用鸭子和黄酒以焖蒸鸭的做法做了一道新的鸭菜来招待朋友。席间，朋友对李白的手艺赞不绝口，听罢李白的烦心事就提议道："听说玄宗喜欢吃喝，你何不把这道鸭菜献给他呢？"李白觉得朋友说得很有道理，可以一试。

不久后，李白就以焖蒸鸭为蓝本，用大肥鸭加上陈年老酒，再辅之葱、姜、枸杞、老汤等，烹制了一道鸭肴献给玄宗，希望能够通过此拉近与帝王的距离，获得重用。玄宗吃过后，对这道汤醇肉美的菜肴大加赞赏，又赐名"太白鸭"，但他仍只是对美食感兴趣，并不理会李白口中"直挂云帆济沧海"的政治理想。见此状，李白对玄宗彻底死了心，便辞去官职远离了朝堂。李白进菜虽没有达成目的，但太白鸭却因此闻名天下，并流芳百世。

臭豆腐中的奇香

“臭豆腐，闻着臭，吃起来香！”

提起那些让外国人害怕的美食，臭豆腐绝对是榜上有名的，尤其长沙臭豆腐，更是“闻着臭吃着香”的典型代表。

说到臭豆腐，就不能不提王致和。很多人以为王致和是现代人，其实不然，“王致和”跟“同仁堂”同龄，创办于康熙八年（1669年）。

相传，康熙八年，有一个考生从安徽黄山老家远赴京城赶考却遗憾落榜，这个考生便是王致和。落榜后，他打算返回家乡。可京城物价很高，王致和又不是富家公子，无奈，他只能留在京城暂谋生计，以赚取路费和盘缠。

王致和老家是开豆腐坊的，幼年时，他曾跟家中长辈学过做豆腐。于是，他就在安徽会馆附近租了几间店面，靠做豆腐为生。

一日正值夏季，王致和照例磨了几升豆子，做了豆腐沿街叫卖。可是夏季炎热，没卖出去的豆腐很快发霉，变得无法食用了。王致和是小本生意，看见这种情况自然心痛不已。于是，他将发霉的豆腐切成小块，又按照酱菜的方式加盐腌了起来。由于生意太忙，王致和就把这件事忘在脑后了。

转眼到了秋天，一日王致和卖豆腐回来，突然想到自己还有一缸腌制的豆腐，于是赶紧将豆腐缸取了出来。揭开盖子，豆腐臭气熏天，王致和赶紧捂上了口鼻——豆腐已经变成灰青色了。他正准备倒掉，可这一缸豆腐说少也不少，倒掉着实令人心疼。于是，他鼓起勇气尝了一点，发现这腌豆腐闻着虽臭，入口却有一股浓郁的香气。他赶紧将豆腐取出，送给邻里品尝。

起初，大家看见这散发着臭味的青色豆腐都不愿品尝，在王致和的再三鼓动和亲口尝试下，大家才勉强取了一点吃了。谁知，尝过臭豆腐的人都对它赞不绝口，还有人找到王致和，要求他再做几缸这样的臭豆腐。

康熙十七年冬，王致和经过多次改进，终于摸索出一套生产臭豆腐的工艺。此时，他的臭豆腐已经远近闻名，连一些王公贵胄都点名要王致和的臭豆腐做佐餐小菜。

到了清末，对吃食很挑剔的慈禧太后因入秋后食欲不振大发脾气。无奈，御厨从“王致和南酱园”买来几块臭豆腐给慈禧品尝。尝过之后，慈禧觉得这款小菜味道爽口下饭，于是将它列为每顿必有的美食。

荷兰画家休伯特·沃斯　慈禧太后油画

清·蒋廷锡 佛手

此图是清代画家蒋廷锡绘制的佛手写生，佛手被称为『果中之仙品，世上之奇卉』，雅称『金佛手』。可以食用，其果形状如纤手，或握或伸，千姿百态；成熟后，色泽金黄、油亮，香气馥郁，闻之沁人心脾，使人神清气爽。它的药用价值也非常高，功效有疏肝理气，和胃止痛等。

清·蒋廷锡 桂花

桂花是古代常见的可食用的花卉，桂花入药有化痰、生津、暖胃、平肝的功效。

清·周禧　石榴

古代人非常喜欢石榴，石榴具清热、解毒、平肝、补血、活血和止泻的功效。自古人们就把石榴视为吉祥果，用它代表多子多福，还有着繁荣昌盛、兴旺发达、幸福美满、丰产丰收的寓意，有很多地方把石榴视为能逢凶化吉、辟邪气的吉祥物。

后来，慈禧太后因不喜“臭豆腐”这个名字，专门给它赐了名叫“青方”。就这样，“王致和南酱园”的青方被列入御膳珍品，一直流传至今。

第三节 食中『玄』趣

神话故事作为一种天真、朴素的艺术想象，反映了人们对美好生活的追求和向往，其与美食的结合，使得后者在人们的诗意和想象中呈现出了更迷人的姿态。

腊八节里的救世传说

古人有祭祀天地、神灵、祖先的传统，因此每个传统节日基本上都会有与天地、神灵相关的神话传说，腊八节自然也不例外。与腊八节相关的传说故事有很多，其中流传最为广泛、认可度最高的就是牧女施粥救佛祖。

佛教创始人佛祖释迦牟尼本是古印度迦毗罗卫国的王子，王子一出生就生活在富丽堂皇的宫殿中，过着无忧无虑的生活，他对外面的世界一无所知。二十九岁那年的一天，王子在宫中听到外面传来的一阵笛声，莫名产生了一种悲伤的感觉，在好奇心的驱使下他走出了宫门。

宫外，战乱不休，哀鸿遍野，人们流离失所，大量的平民饱受着饥饿和病痛的折磨。王子从未见到过这样的场景，一时间怔在了原地。这时，几个人抬着一位老者的尸体从他身旁走过，王子看着老者枯瘦如柴的身体和满是痛苦的脸，心中的悲伤更重了。

王子步履沉重地走回宫中，脑海里惨淡的场景挥之不去，随之产生了解救天下众生的想法。不久后，王子向父母辞行，毅然决然地舍弃王位，踏上了寻求人生真谛和生死解脱的征程。

当时，印度一带盛行苦行的修炼方式，僧人们蓬头垢面，衣衫褴褛，长期断食甚至断水，还时常会故意处于恶劣的环境中如躺在钉板或热炭上，来锻炼耐力，克制欲望。王子也加入了苦行僧的行列，经过六年苦修，他身形消瘦，有若枯木，但却并未有任何收获，王子意识到苦修不是解除痛苦的正确方式，于是决定放弃。

他起身想要到河边喝些水却因体力不支一头栽到了地上，这时，一位牧女拿出一碗粥，一口一口地喂给他吃下。王子吃过粥，体力有所恢复，心中也若有所思，他坐到岸边的一棵毕波罗树下，闭眼沉思，许下誓言："不证无上菩提道，宁可碎此身而终不起于座！"

七天七夜后，王子猛然睁开双眼，豁然大悟，破解了人生痛苦之谜，参透了宇宙人生的真谛，顿悟成佛。

释迦牟尼成佛的这一天正是中国的农历十二月初八，后世称之为"佛成道日"。随着佛教传入中国并兴盛起来，各地寺庙兴建，敬佛活动也越来越多，但腊八煮粥敬佛一直以来都是僧侣和信佛之人非常重视的活动。在这一天，各寺院都要举行诵经仪式，还会效仿牧女在佛前供献“乳糜”。后来腊八节逐渐从佛教走向民间，成为民间的传统节日，人们在这天都会喝腊八粥。

至于腊八节何时在中国社会形成定制，目前并没有详考，不过其流行始于宋朝，腊八节喝腊八粥的习俗也是在宋朝时兴起的。宋代粥品的种类和花样极多，《圣济总录》收录的粥方就有一百三十多种，腊八粥也在其中。

在中国，粥伴米而生，比饭出现得更早，至少有五千年的历史。在漫漫的历史长河中，粥抵御过原始社会的饥馑，陪伴过底层民众的穷苦，也点缀过钟鼎之家的富贵，是充饥御寒的良品，也是延年益寿的补品。

关于粥的文字记载，最早见于《周书》：“黄帝始烹谷为粥。”新石器时期的半坡村遗址中出土的煮粥炊具“蒂”似乎也证实了这一记录的真实可靠。粥古时写作“鬻”，也有“酐”“糜”等的称法，如《左传·昭公七年》中记载：“饘是，鬻于是，以糊余口。”《广韵·屋韵》：“粥，糜也。”唐人孔颖达《疏》：“厚者曰糜，淖者曰鬻。”

古人还会将药材和谷米放在一起熬制成药粥，这种做法起源自汉代。司马迁《史记》中就记载了西汉名医以“火齐粥”为齐王治病的事件，东汉医学家张仲景的《伤寒杂病论》中也有很多药、米合用的名方。

桃花鱼的美丽传说

对于中国人来说，鱼，既是美食，也是文化。

我国疆域辽阔，气候多样，适合多种鱼类生存，因此也就有着悠久的捕鱼食鱼历史。从远古时代起，中华先民就知道以鱼充饥，并发明了捕鱼网具，学会了养鱼捕鱼技术。到商周时期，人们在总结前人经验的同时，进行了更多创新，极大地发展了渔业。我国第一部养鱼专著，便是春秋时期范蠡所写的《养鱼经》，其中详细介绍了池塘养鱼的各项事宜及方法。

在长期从事渔业的过程中，人们赋予了鱼类丰富的文化内涵，

清·金廷标　碧桃

桃，在我国有三千多年的栽培史，桃木是古代民间辟邪之物，其根、叶、花、皮、枝等部位皆可为药材。

清·邹一桂　碧桃春鸟图

清·邹一桂　红桃白梨

发展了独特的“鱼文化”，其中与鱼相关的饮食文化是重要的组成部分，包括各类鱼馔的做法、食鱼的礼仪以及相关的美食传说等。

在我国，鱼类的烹饪方法有很多，随之诞生的鱼类名菜也不在少数，在人们普遍喜欢的四大菜系中，就有不少关于鱼的美味佳肴，其中有一道湖北传统名菜，叫鸡泥桃花鱼，不管是味道还是品相，都算得上鱼菜中的上品。

鸡泥桃花鱼，是用桃花鱼、鸡胸肉、鱼肉等原料加水制成的一道汤菜，汤汁浓稠，味道清香，营养丰富，且成菜外观极为秀美，带有些许粉红的原料浮于汤面，犹如朵朵盛开的桃花，惹人喜爱。人们在面对美好的事物时，体内的“艺术细胞”往往会被激发，而这道美味又美丽的菜肴正是在人们的诗意和想象中呈现出了更迷人的姿态。

鸡泥桃花鱼的精华之处就在于桃花鱼，桃花鱼并非鱼，而是一种水母，有玉白、乳黄、粉红三色，触手多达二百多条，散开后酷似桃花瓣，由此得名。每到微风和煦、桃花盛开的季节，长江北岸的香溪河中就会出现成群结队的桃花鱼，鱼身靓丽的色彩和周围的花红柳绿遥相呼应，美不胜收。而地处巫峡的香溪正是汉代美女王昭君的故乡，再加上汉代之前这里不曾有桃花鱼的传闻，于是在人们的想象中，桃花鱼和王昭君之间就有了一段动人的故事。

公元前 54 年八月十五，长江西陵峡秭归县的一户平民家中诞生了一个女婴，父母为之取名嫱，字昭君。十几年后，王嫱出落成了一个妙龄少女，后以民间女子的身份被汉元帝选入宫中，因其不肯贿赂画师，美貌遭丑化，遂在宫中为奴多年，不得皇帝临幸。

竟宁元年（公元前 33 年）正月，南匈奴首领呼韩邪来长安朝觐天子并请求和亲，王嫱得知后主动要求出塞，承担和亲大任。昭君出塞前，获得恩准回乡省亲，她告别父母乡亲，踏上离途时，正值桃花凋零之际。那天，昭君登上龙舟，望着前来送行的乡亲，心中不由得感伤起来，但皇命又岂能违背，她只好抱起随身携带的琵琶，弹起了婉转哀怨的离别曲，以表达对乡亲的感谢，同时也抒发自己的悲伤。

这时，河两岸的桃花像是听到了召唤纷纷扬扬地落下。漫天花雨落英缤纷，看到如此萧瑟悲凉的景象，昭君不由得潸然泪下，泪珠随着龙舟的快速行进而飞起，溅落到一片片桃花瓣上，被泪水浸湿的桃花瓣落入水中，就变成了一只只桃花鱼。成群的桃花鱼在龙舟周围游动，久久不肯散去，直到峡口，琵琶声止，它们才告别昭君，游向水深处。

此后，每到桃花盛开之时，香溪清澈的水流中就会浮现桃花鱼曼妙的身影，似乎是在等待昭君的归来。“鸡泥桃花鱼”这道菜肴也因为这样一段美丽的传说故事，更受到人们的喜爱。

牛肉干中的动人爱情

肉类风干的吃法在我国很早便出现了，它原本起源于我们祖先对自然有了简单认知后发明的肉类贮存方法。从蒙昧时代到现代社会，风干肉类一直存在于人们的饮食生活中，且其种类和制法也在不断变化着，在很多历史典籍中都有相关记载。

牛肉作为如今中国人第二大肉类食品，质嫩鲜美，口感劲道，素有“肉中娇子”的称号，以其为原料制作的牛肉干既保持了牛肉耐咀嚼的风味，又久存不变质，便于携带，深受人们欢迎。然而，

成吉思汗像

古人的食品名单中，却很少有牛肉干的身影。

我国古时候牛的社会地位很高，很多朝代由于将耕牛作为农业生产的第一劳动力，是禁止私自宰杀的。不允许杀牛，也就谈不上吃牛，更别说牛肉干了。

其实早在三千年前的西周，牛的崇高地位就得到了确立，当时的制度规定“诸侯无故不得杀牛”，只有在大型的祭祀活动中，即最高统治者拜祭天地时才可用“太牢”（太牢指牛猪羊三牲，少劳指猪羊两牲）。秦朝时期，始皇帝下令禁吃牛肉，还颁布了相关法律来约束人们，不仅不能吃，甚至于连牛瘦了或病了，养牛者也要受到惩罚。汉代，牛依然是保护动物，《汉律》规定“不得屠杀少齿”，只有年迈力衰的老牛才能被宰杀。唐宋时期，法律则更为严格，规定老弱病残牛均在禁杀之列。此后各朝代也大都沿用此风，不过，有那么一个朝代是例外的，那就是忽必烈建立的元朝。可以说，风干牛肉伴随着奴隶社会开始而逐渐销声匿迹后，直到元朝时才大规模重现。

关于内蒙古牛肉干，还有一个缠绵悱恻的爱情故事。

传说很久以前，辽阔的科尔沁大草原上有一条奔腾的大河，名为霍林河。这条绵长清澈的河流，养育了两岸勤劳淳朴的蒙古儿女，使得他们在此繁衍生息，安居乐业。

突然有一年，霍林河干涸了，没有了水的灌溉，绿草变得枯黄，牛羊开始瘦弱，人们的生存受到了威胁。这种情况下，谣言轻易而起，迅速蔓延，人们陷入了极大的惶恐中，不再团结一致地想办法，而是一盘散沙般地坐等死神的到来。只有勇敢健壮的小伙子巴特尔不甘于屈服，决心寻找拯救人们的办法，他告别了心爱的姑娘斯琴，带着一些碎牛肉，只身一人前去霍林河的源头，想要找出河水干涸的原因。

霍林河的源头本是一口长年不断的神泉，巴特尔到了之后却发现神泉不再喷涌，经过暗中查看，他才得知神泉被一条黑龙霸占。为夺回神泉，巴特尔跳入泉中与黑龙苦战，一人一龙大战了多日，终于黑龙倒下了，巴特尔也因体力耗尽而死去，他的鲜血化作清水从神泉喷涌而出，重新填满了霍林河的沟渠。

科尔沁草原又恢复了以往的平静，但是斯琴却一直等不到自己的爱郎，每天都在希望和失望中来回穿梭。实在忍受不了这种煎熬的斯琴，打算去寻找爱郎，她沿着河流走啊走，终于到了神泉，但是这里没有巴特尔的身影，不过在泉眼边，放着一个牛皮袋子，那正是自己送给巴特尔的信物。

斯琴明白了一切，她将牛皮袋捡起，发现里面的牛肉还没有来得及吃，已经变成了硬硬的肉块。斯琴将这些肉块带了回来，并把它们放入盒中永远地保存了下来，这些肉块也就是后来的牛肉干。

事实上，牛肉干的起源之说中，较为可信的是成吉思汗发明的军队干粮。成吉思汗统领蒙古骑兵驰骋亚欧大陆时，命人将牛宰杀，再将其肉晒干碾成肉末作为军队的干粮，如此大大减少了军队前行的负重，这种牛肉末便是如今内蒙古牛肉干的原型。

糯米城砖念伍子胥

年糕是用糯米或米粉蒸成的糕，口感软糯，味道甘甜，是中华民族的传统食物，在农历新年，我国很多地区都有吃年糕的习俗。

在我国的某些地区，有一种春节吃年糕为了纪念伍子胥的传说，而年糕的由来，也正是与这位春秋时期的吴国大夫有关。

伍子胥本是楚国人，因被楚平王追杀而逃到了吴国，成为吴王阖闾的谋臣。公元前506年，伍子胥借助吴兵杀入楚都，鞭楚平王尸，报了血海深仇，后来又联合孙武等人帮助吴王攻破强楚，打败齐鲁等国，成为一方霸主。

清代 年画《临潼斗宝子胥开智》

图中讲述的是伍子胥小时候的故事。

阖闾志得意满，命伍子胥建造“阖闾大城”彰显自己的功德。城垣建成之日，吴王大摆筵席，宴请群臣。席间君臣纵情享乐，忘乎所以，认为如今国家强大再加上城池固若金汤，此后便可高枕无忧。看到这样的情形，伍子胥不得不为吴国的将来感到担忧，回到家后，他将自己的心腹叫来，说道：“如今，众人都被这坚固的城墙迷了眼睛，看不到忧患所在，城墙固然可以抵挡外敌，但我们也同样会受到限制，如果敌人围而不攻，吴国岂不是作茧自缚？若我遭遇不测，吴国受困，粮草短缺，你就可以到城墙下掘地三尺获取粮食。”

不久后，阖闾驾崩，其子夫差继位。伍子胥曾多次进谏劝夫差杀掉勾践，夫差非但不听，还听信奸臣谗言，将伍子胥赐死。后来越王勾践举兵伐吴，包围了吴国都城姑苏。吴国军民被困城中，很快粮草断绝，面临着死亡的威胁。这时候，伍子胥的心腹想起了伍子胥的话，便抱着试试看的态度与几位朋友到城墙处挖了起来，挖到三尺之深时，他们惊奇地发现，原来地下的城砖是糯米制成的。随后，他们召集军队将这些糯米砖悉数挖出分发下去救了全城人的性命。百姓们得知后，纷纷朝着城墙跪拜，感谢伍大夫的救命之恩。

姑苏城就在如今的苏州一代，苏州的年糕形状似城砖，春节吃年糕的习俗也是从苏州传开的。

不过传说只是传说，实际上，年糕在我国约有三千年的历史，最早的记录见于周代，《国札札记》中说："羞边之食，糗饵粉餐。"粉餐即为米粉蒸作而成，应该就是早期的年糕。南北朝也可能是更早时期的饮食专著《食次》中记录了白糖年糕的做法："熟炊秫稻米饭，及热于杵臼净者，舂之为米咨糍，须令极熟，勿令有米粒……"

在漫长的历史中，年糕的种类发展出了很多样式，也产生了南北风味的差异，逐渐有了地方特色，如北方白糕、江南水磨年糕、福建糖粿、塞北黄米糕等。吃法上，北方主要是蒸和炸，南方则更多样，炒、煮、蒸、炸均可，味道上北方以甜为主，南方甜咸皆有。

一块小小的年糕，却有如此多样的做法和文化内涵，我们中华文化的博大精深就在这方寸之间体现得淋漓尽致。

第四节　美食美色

美人如馐，美食如嫣，实际上，从古至今，美女与美食就是一对形影不离的概念。『沉鱼落雁、闭月羞花』的美貌和珍馐美馔的结合，才是『秀色可餐』的真实写照。

美人故里的西施舌

西施舌，一个听上去就十分美好的名字。

关于西施舌的记载有很多，《苕溪渔隐丛话》中说："福州岭口有蛤属，号西施舌，极甘脆。"元朝诗人吕居仁也有这样的诗句流传："海上凡鱼不识名，百千生命一杯羹。无端更号西施舌，重与儿童起妄情。"可见，西施舌早在宋元时期就已经出现了。

西施舌虽然有着美人的名字，但实际上却是一种肉质白软柔嫩，形状与舌类似，且味道极其鲜美的水产动物。从海洋生物的科属来看，西施舌跟我们平时吃的蛤蜊没有太大区别。这种食材

五代南唐·周文矩 西子浣纱图

之所以有“西施舌”的美称，是因为它的外壳更加漂亮，肉质也更加清甜鲜美。

为什么西施舌不能与普通贝类同盘，非要单独挑出来做菜呢？原来，它除了本身的特点外，更重要的是有一个美丽的传说。

相传春秋时期，范蠡将自己的爱妾西施送给越王勾践，越王又借西施的力量灭掉了吴国。原本，勾践想接西施回国，将其封为妃子。可勾践的王后嫉妒西施貌美，担心她会威胁到自己的地位。于是，她命人将一块巨石捆在西施背上，然后将其沉入江底。溺亡的西施满腹冤屈无处诉说，只好化作贝壳，期待有人能听她用舌头诉说冤情。西施舌的名字也是由此而来。

在古籍中，关于西施舌的记载有很多。比如《本草纲目拾遗》就有“介属之美，无过西施舌”的记载，郝懿行在《记海错》中，也赞美西施舌“味美在肉……啖之柔脆，以是为珍”。可是，西施舌在清朝之前一直被看作海中珍品，寻常百姓几乎是无缘品尝的。清朝文人郑板桥，曾在《潍县竹枝词》中写道：“更有诸城来美味，西施舌进玉盘中。”可见，西施舌只有豪门贵胄人家才能食用。

随着时间的推移，西施舌逐渐走下神坛，成为寻常人家盘中的珍馐美味。

20 世纪 30 年代，美食作家梁实秋先生在青岛的顺兴楼第一次品尝了西施舌。虽然之前听过西施舌的名字，但服务生端上来后，梁实秋先生还是吃了一惊。

“一碗清汤，浮着一层尖尖的白白的东西，初不知何物，主人曰西施舌。”这是梁实秋先生对西施舌的第一印象。然而，在入口的一瞬间，他便为眼前的珍馐折服了：“含在口中有滑嫩柔软的感觉，尝试之下果然名不虚传。”

对于西施舌，梁实秋先生曾做过这样的评论：西施舌不但味鲜，名字也起得妙，不过一定要不惜工本，除去不大雅观的部分，专取其洁白细嫩的一块小肉，加以烹制，才无负于其美名，否则就近于唐突西施了。

在江浙两地和山东地区，关于西施舌的吃法有很多。人们可以直接连壳蒸煮，佐以酱汁蘸料食用，也可以做成蛋羹、火锅等。美食家会将西施舌和鸡汤放在一起煲，这样能让西施舌的鲜美滋味更加突出。

在西施故里诸暨，有一种带馅儿的舌形点心也叫“西施舌”。这种点心的外皮是使用吊浆技法水磨糯米制成的，内馅儿有枣泥、核桃等果料，味道香甜可口，深受人们喜爱。

贵妃醉酒与贵妃鸡

“云想衣裳花想容，春风拂槛露华浓。”

从古至今，凡是与杨玉环有关的诗句物件，总会带给人无限向往与遐想。

然而，这里有一道菜看似与杨贵妃无关，但实际上却有千丝万缕的关系，它就是著名的贵妃鸡。贵妃鸡其实就是烧鸡翅的另一种叫法。如果这道菜只叫“烧鸡翅”是很难登大雅之堂的，所以，人们就想到了用名字包装它的方法。

相传，贵妃鸡的名称正是后人根据“杨贵妃醉酒百花亭”的故事创作出来的。唐玄宗时期，杨玉环因通晓音律、极擅歌舞而被许给寿王（唐玄宗儿子）为妃。入寿王府后，杨玉环又因其才思敏慧，善于迎合而被玄宗看中，入宫做了唐玄宗的贵妃。

这日，唐玄宗约杨贵妃到百花亭饮酒赏花，杨贵妃早早而至，却苦等不来君王。过了很长时间，有人告诉她唐玄宗已经在她的情敌——梅妃——的宫里宿下了。杨贵妃本就善妒，一听玄宗去了梅妃处，心中顿时愤怒起来。她开始借酒消愁，纵情歌舞，媚态百出，在百花亭上演了一出贵妃醉酒的好戏。

烧鸡翅色泽通红，在焖烧过程中又要用到酒，恰好合上了“贵妃醉酒”的意思。况且，《青琐高议》中有这样的记载：“一日，妃浴出，对镜匀面，裙腰上微露一乳，帝曰：‘软温新剥鸡头肉。’”

贵妃醉酒图

有此记载，美人与贵妃鸡之间的关系似乎又更近了一层。

对于贵妃鸡名号的解释，上面一条是比较合理的。可是对于古今商家来说，这个传说似乎欠缺了一丝韵味，于是，另一个版本的传说出炉了。

相传，唐玄宗和杨贵妃最爱饮酒取乐。这夜，二人都有了些醉意，尤其是杨贵妃，更是醉眼蒙眬地对唐玄宗提出了一个要求，“我要飞上天。”听到宠妃这个要求，唐玄宗立刻命令身边人去把“飞上天”拿来。

可“飞上天”到底是什么呢？如果拿不出来，那可是要被杀头的！

就在大家急得团团转时，一个来自苏州的厨子灵机一动，要飞得有翅膀啊，不如给贵妃做一道鸡翅吧！于是，大家赶紧找来几只童子鸡，苏州厨子将翅膀折下浸在酒中，又取来香菇、青菜、竹笋、青椒等物，放在铁锅中一同烧制。菜肴做好后，香味顿时飘满整个厨房。

鲜香红亮的鸡翅被端到贵妃面前，贵妃看后赞不绝口，便问起了这道菜的名字。来人回答，菜名叫“会飞鸡”。带着醉意的杨贵妃并未听清菜名，她笑着说道：“贵妃鸡？真是个好名字。”就这样，“贵妃鸡”的名号一直流传到今天。

相比第一个传说，第二个显然更受商家和食客的青睐。不过，第二个传说却经不起推敲，因为唐朝并没有铁锅，而且青椒在那时候也并未传入中国。不过，这并不影响大家对贵妃鸡的喜爱。如今，人们在烹制贵妃鸡时，还会加入胡萝卜、土豆等蔬菜做点缀，让贵妃鸡真正成为色香味俱全的美食。

唐代茶具

唐代饮的是饼茶，饮用时需经过炙、碾、箩三道工序。因为茶饼在存放中会吸潮，烤干了才能逼出茶香，炙时就要用夹子夹住饼茶，尽量靠近炉火，时时翻转，到水汽烤干为止。烤干后，用碾将饼茶碾碎，将碎茶末用筛子过箩后才能煮用。唐代茶具主要有碗、瓯（中唐时期一种体积较小的茶盏）、执壶、杯、釜、罐、盏、盏托、茶碾等。据唐代诗人皮日休《茶具十咏》的记载，茶具种类有『茶坞、茶人、茶笋、茶籯（ying）、茶舍、茶灶、茶焙、茶鼎、茶瓯、煮茶』。其中『茶坞』是指种茶的凹地，『茶人』指采茶者。这些已经不单纯是茶具了。皮日休此处已经不单指茶壶、茶杯，他所说的茶具包括了采茶、制茶、贮茶、饮茶等所有环节。宋朝的《茶具图赞》列出了十二种茶具。明太祖第十七子朱权所著的《茶谱》中列出十种茶具，即茶炉、茶灶、茶磨、茶碾、茶罗、茶架、茶匙、茶筅、茶瓯、茶瓶。茶具随着饮茶方式的改变也在变化，明代以后，逐渐成为现在的样子。

王昭君的『鸭汤面条』

“边城晏闭，牛马布野，三世无犬吠之警，黎庶忘干戈之役。”这是对昭君出塞最高的评价。

王昭君出生于楚地的一户普通农家，在十四岁那年，机缘巧合之下被选入宫中做宫女。熬过了五年宫女生涯后，王昭君主动请命远嫁塞外。不知昭君美貌的汉元帝立即将其封为公主，许配给了匈奴单于呼韩邪。

果然“乃请掖庭令求行”的王昭君并不娇气。远嫁匈奴后，她选择入乡随俗，吃牛肉，喝羊奶，睡毡帐，跟呼韩邪单于在草原上骑马射箭，策马扬鞭。昭君出塞使汉匈两地多年交好，两地百姓和睦相处。但对于王昭君个人来说，从草木丰美的中原地区，移居到萧瑟荒凉的大漠地区，生活习惯和饮食文化的巨大差异让她有些水土不服。

正所谓一方水土养一方人，生活在不同地方的人，会由于环境的不同而形成不同的思想观念和文化特征。这就决定了长期生活在一个地方的人，去到另一个地方，很多人都会吃不惯当地的食物，远嫁塞

昭君出塞图

外的王昭君便深刻体会过这种感受。

条件不足就要创造条件，水土不服就要入乡随俗，虽然王昭君的心里一直在这样想，但长期食用那些不易消化的牛羊肉确实让她的身体有些吃不消。为此，通过与匈奴厨师商量后，王昭君专门为自己创制了一道美味又可口的新菜肴——“昭君鸭”。

王昭君先是让厨师们准备一只肥鸭，处理干净后下锅熬煮，而后又让厨师将提前准备好的粉条和油面筋一同入锅，在鸭汤中熬煮。待到锅中鸭汤熬得差不多时，便可以盛盘上桌了。

经过较长时间的熬煮后，鸭汤中配料的鲜味已经完全深入鸭肉之中，酥而不烂的鸭肉保持了一定的嚼劲，又不至于太难入口，油面筋与粉条也因充分吸收鸭汤的滋味，而鲜美无比。无论从品相，还是味道上，这道菜都是颇为不错的。

除了这道菜之外，匈奴厨师还别出心裁地为王昭君创制了一道凉菜，后世将其称为“昭君皮子”。厨师们首先将面团放在清水中，分离出淀粉和面筋，而后将糊状淀粉平铺在铁盘之中，再放入开水锅中加热。受热后的淀粉会变成油黄色的薄片，这时候把铁盘从锅中取出，并将淀粉薄片铺在桌案上，切成适宜大小的条状，然后再拌入各式口味的调料即可食用了。

有了这两样可口美食，昭君的塞外生活就明显好过多了。在解决了吃的问题之后，昭君还积极参与到匈奴人的生产生活之中，进一步促进了汉匈之间的交流与互动。

意味深长的貂蝉豆腐

昭君出塞还有些个人意愿在其中，貂蝉被献于董卓那就实属无奈了。出于报恩，又或是出于国家大义，貂蝉才甘愿成为连环计中的一颗棋子，诱使吕布杀掉了残暴祸国的董卓。民间流传甚广的一道名菜“貂蝉豆腐”，便是因这一典故而得名的。

“貂蝉豆腐”在民间又被称为“泥鳅钻豆腐”，泥鳅指代的是董卓，而豆腐则被比喻为貂蝉，在连环计中，董卓无处可藏，最终被吕布诛杀，正如这道菜中的泥鳅钻入豆腐中一样。仔细想来，这一比喻确实颇为恰当。

这道“貂蝉豆腐”主要以泥鳅和豆腐为主要食材，由一位渔民在无意间创制而成。一日，他将已经吐完泥土的泥鳅放入锅中，想要与豆腐一起烹煮，但没想到揭开锅盖后，却发现小泥鳅都钻到了豆腐之中，只有尾巴还留在外面，“泥鳅钻豆腐”的名称正是由此而来。

在这位渔民之后，又有许多厨师对这道菜进行了改进，比如为了更好地清理泥鳅，有的厨师将其放入装有面粉的水盆中，通过不断更换清水和面粉，来让泥鳅更好地吐出腹内脏物；为了保证豆腐的口感，有的厨师则会选用出水后稍凉一些的嫩豆腐，同时在切豆腐时，还会将豆腐四周的硬皮也一并切掉。

在这道菜中，豆腐富含大量蛋白质，以及人体所需的多种矿物质，营养价值丰富，有助于预防心脑血管疾病和骨质疏松；泥鳅所含的矿物质和维生素要比一般的鱼虾高，而且含胆固醇少，对于人体抗血管衰老具有极大帮助。营养价值丰富、食材价格低廉、烹制方法简单，这些优点使得这道“貂蝉豆腐”成功吸引了一众百姓的喜爱。

除了“貂蝉豆腐”外，与貂蝉有关的民间小吃还有“貂蝉汤圆”，这道菜品也与董卓有关。据说当年王允在送给董卓的汤圆中加入了生姜和辣椒，吃了这种香甜又麻辣的汤圆后，董卓整个人都大汗淋漓，肠胃头脑都颇为不适。正是在这一时刻，吕布突然赶到，将董卓击杀。

相比于“貂蝉豆腐”的说法，“貂蝉汤圆”的传说似乎有些过于离奇。但不可否认的是，古代人民在开发美食和创制菜名时的想象力真的是很强的。